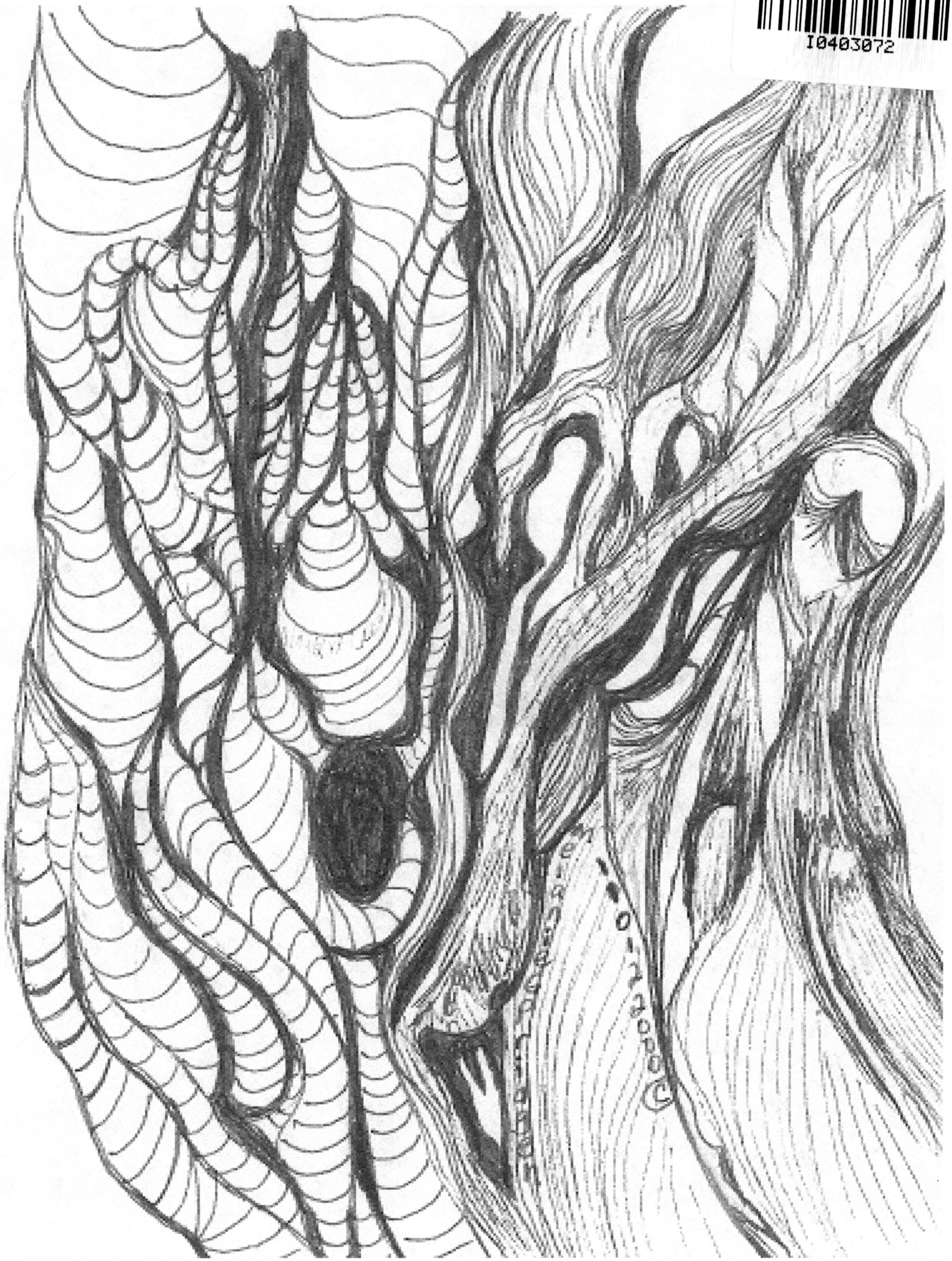

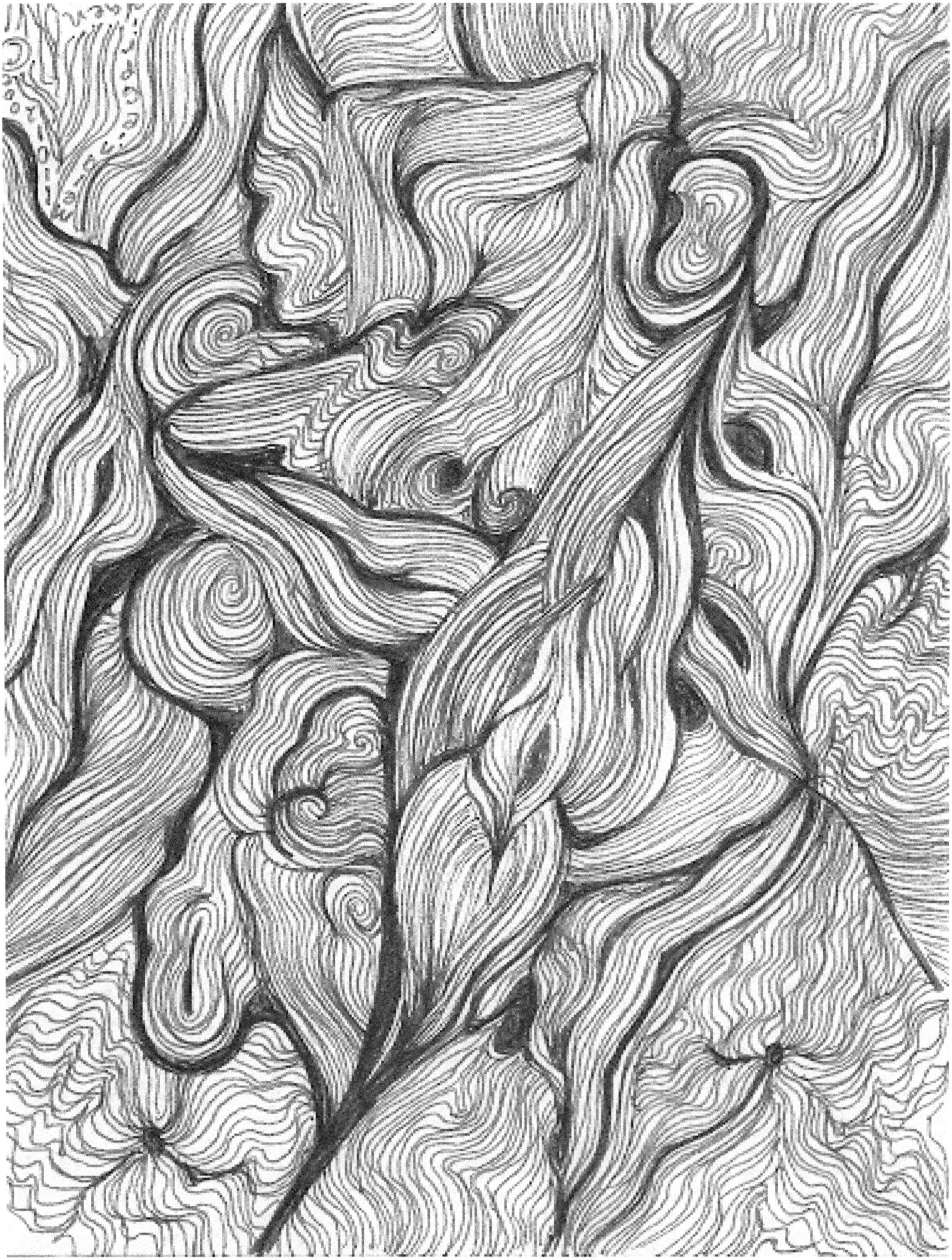

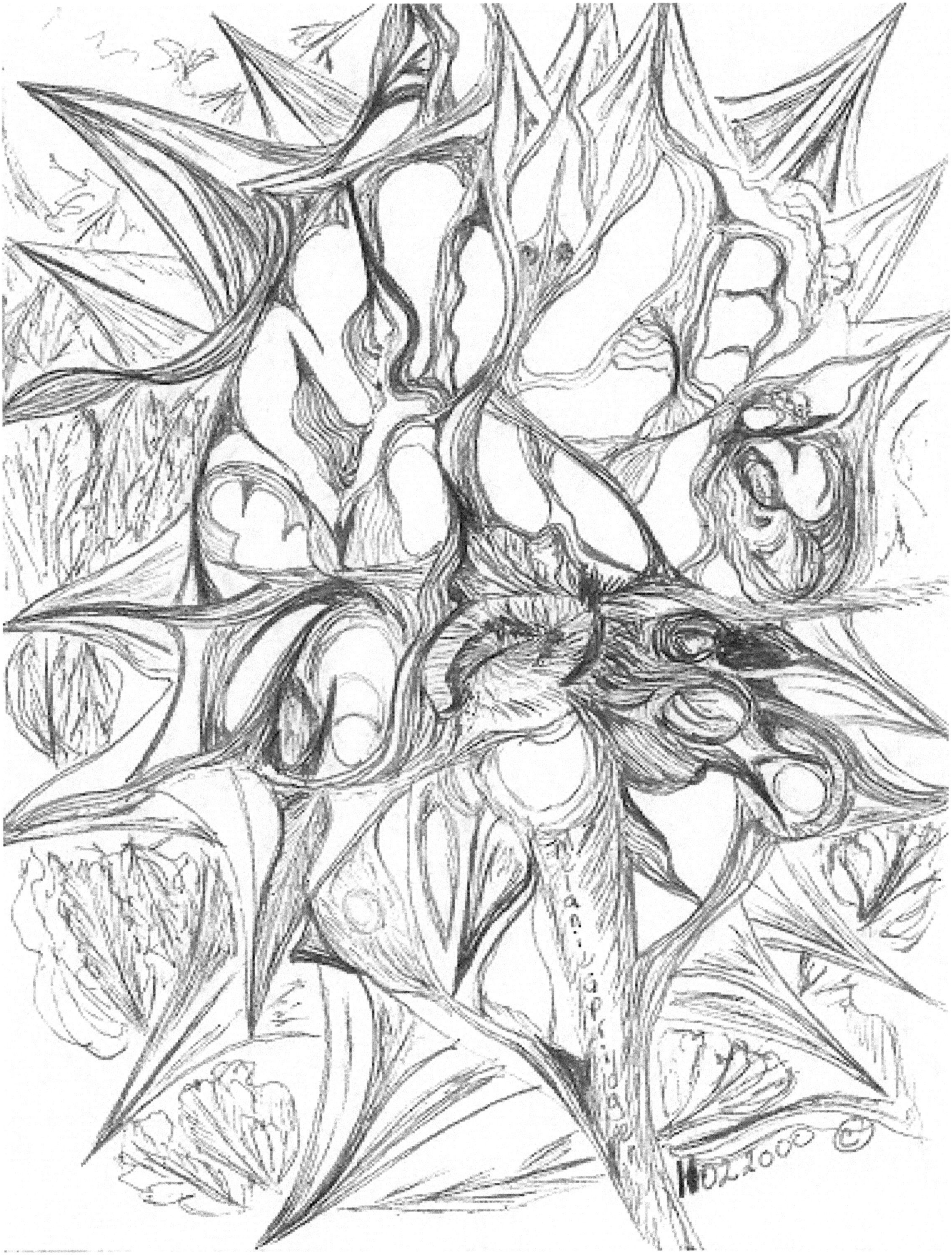

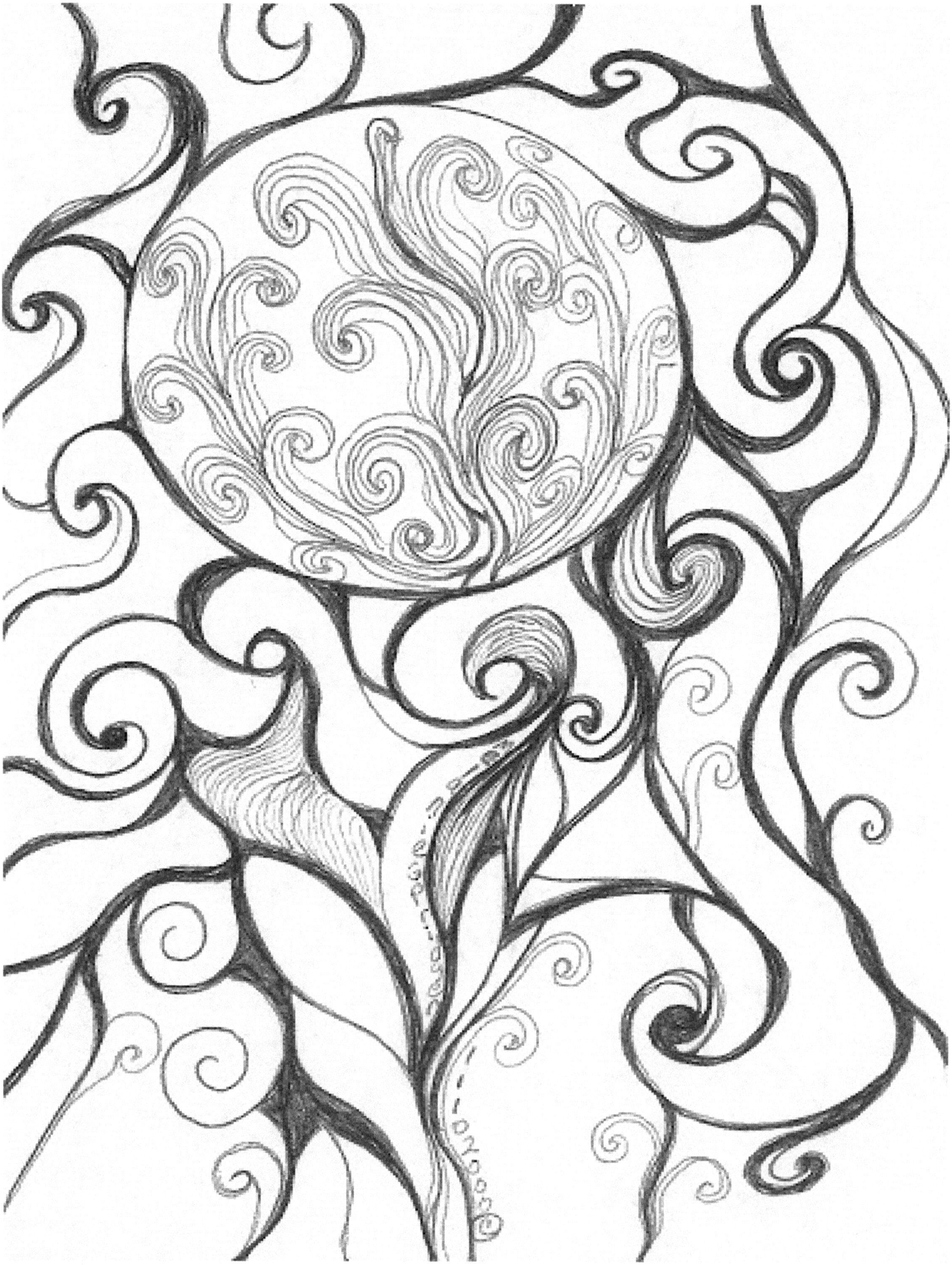

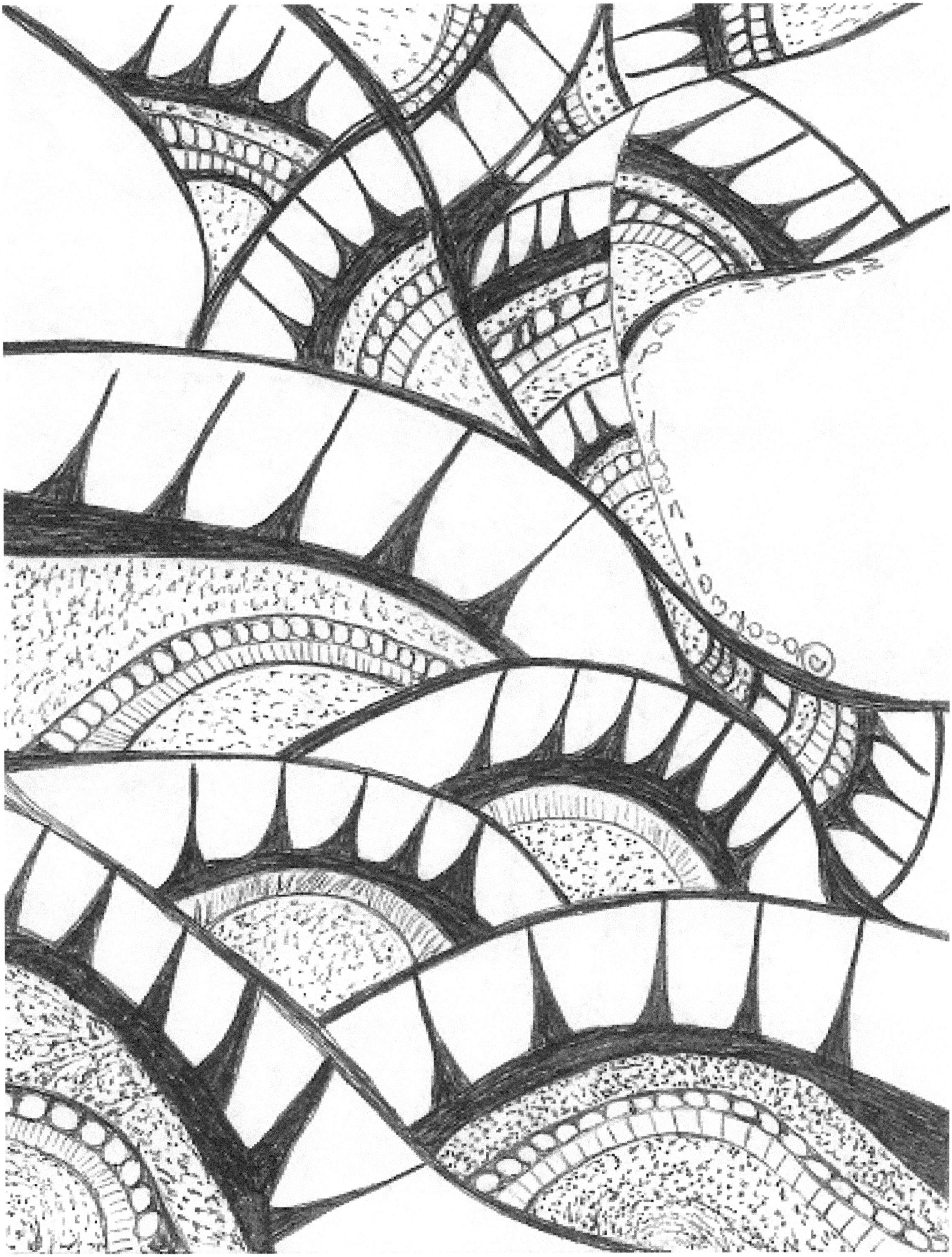

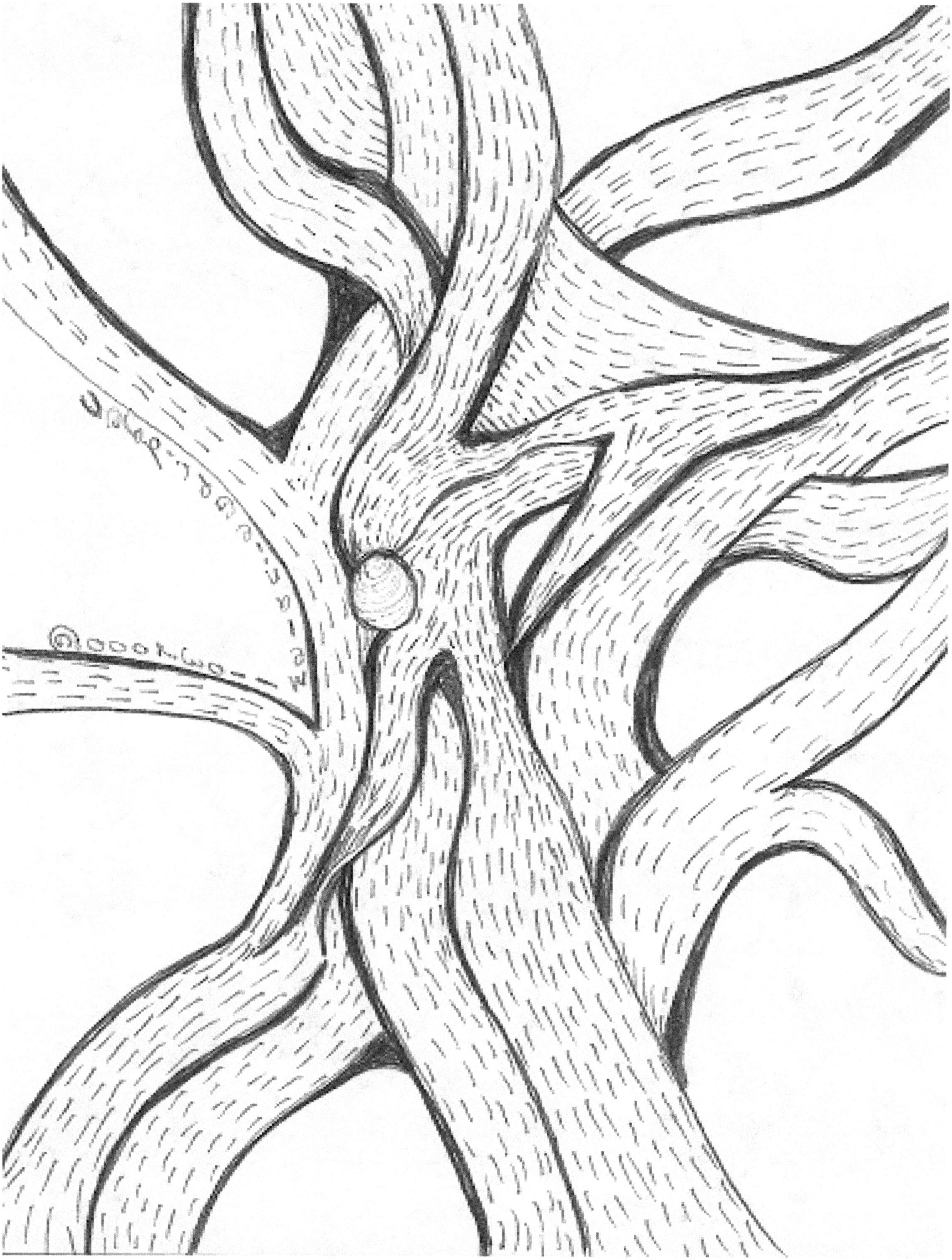

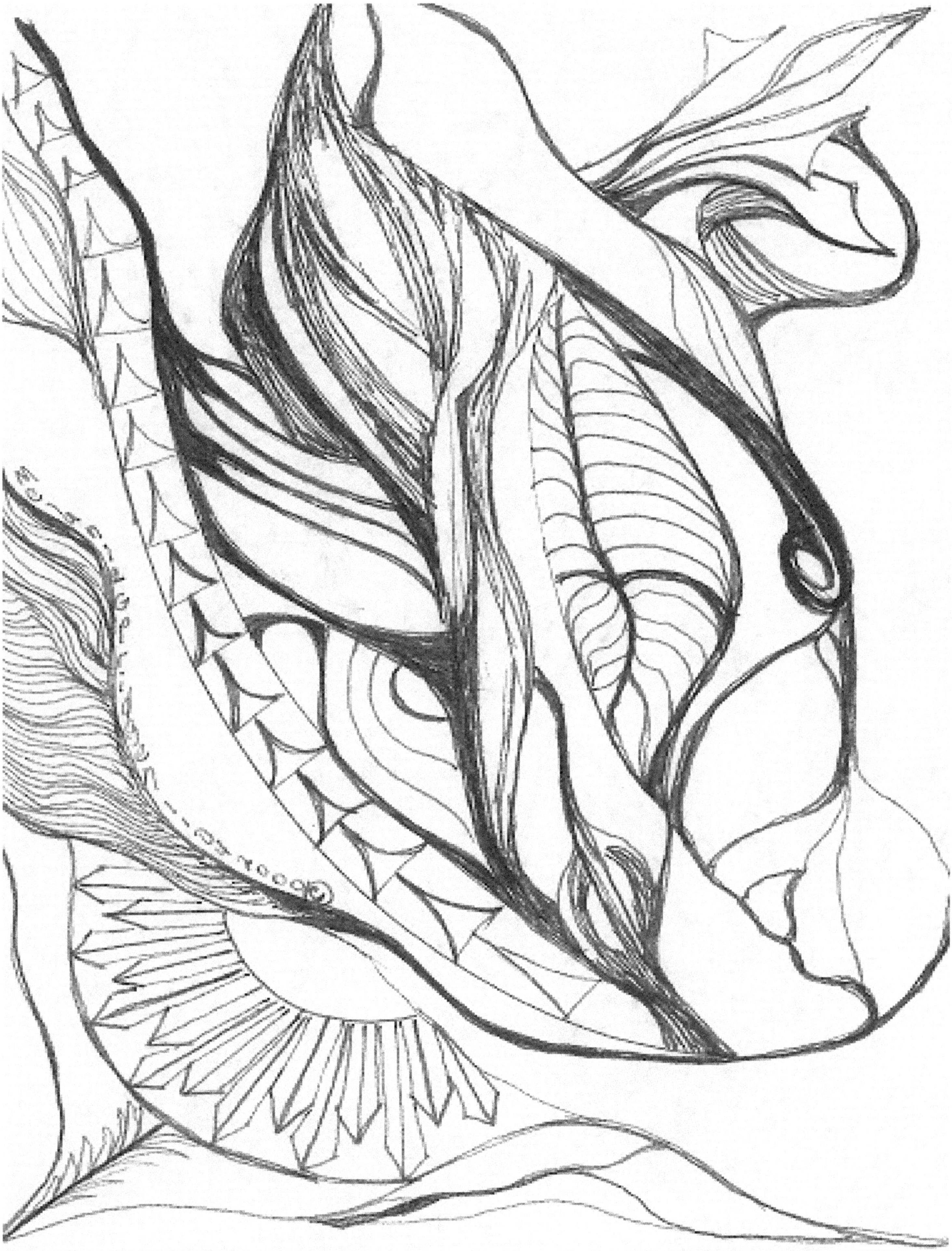

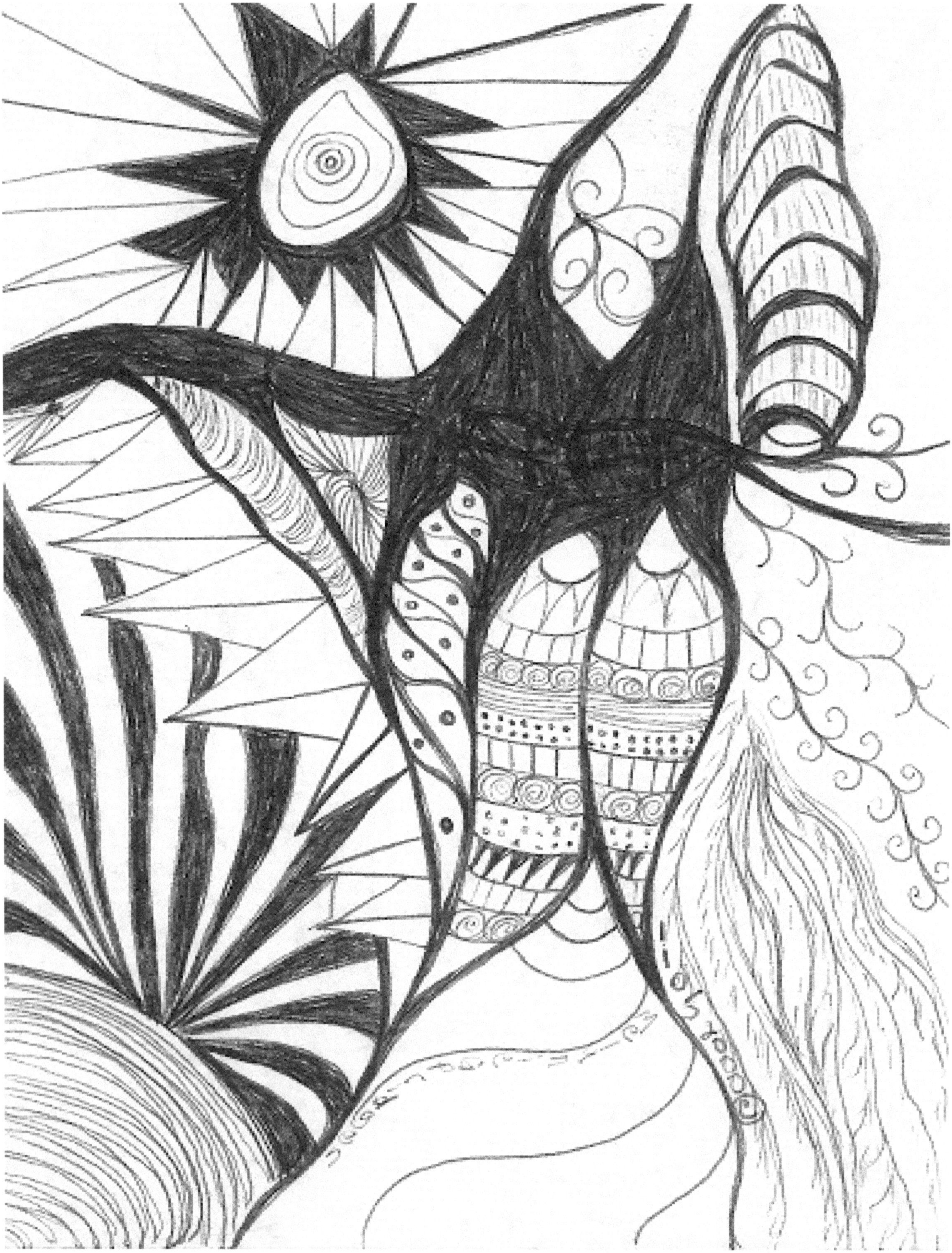

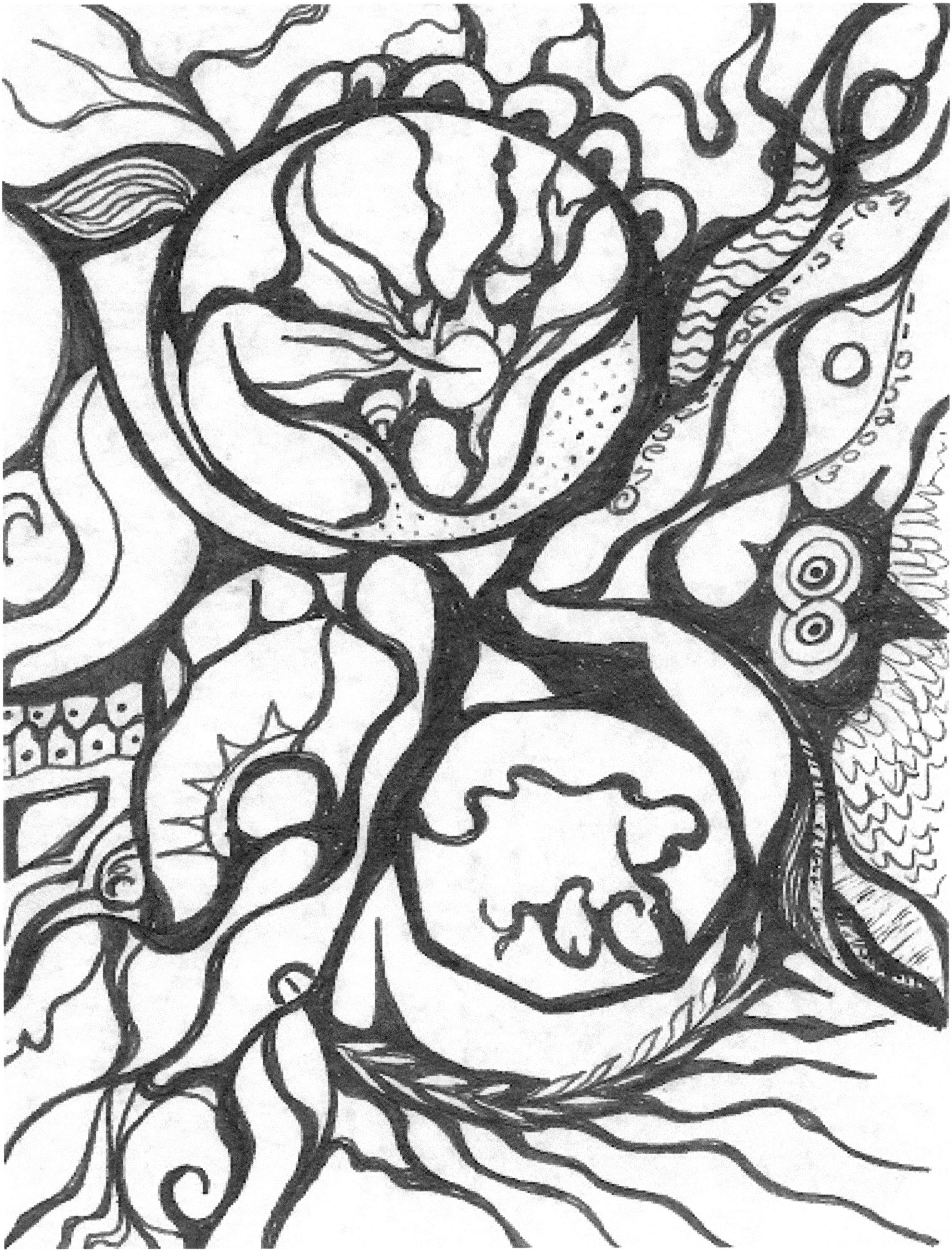

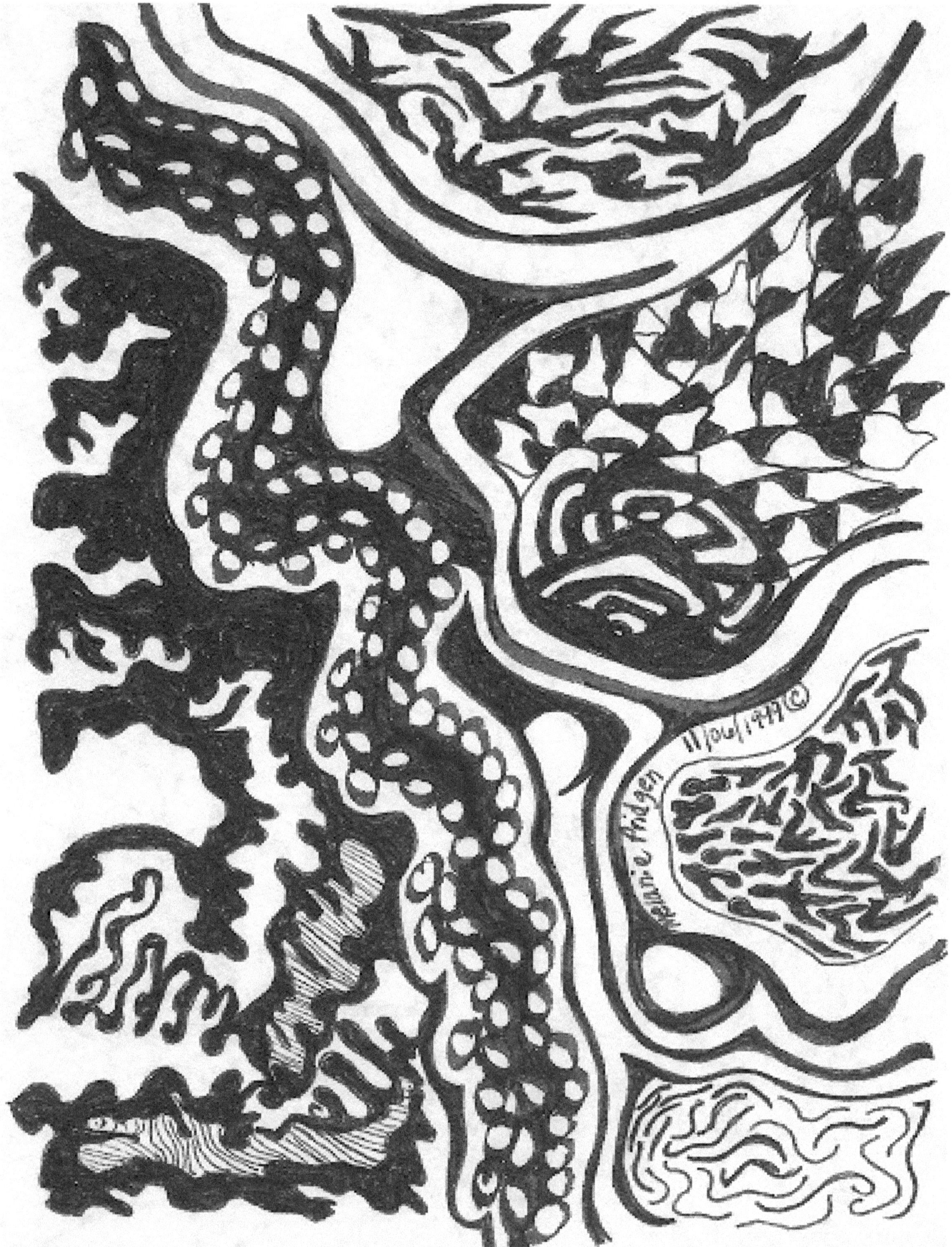

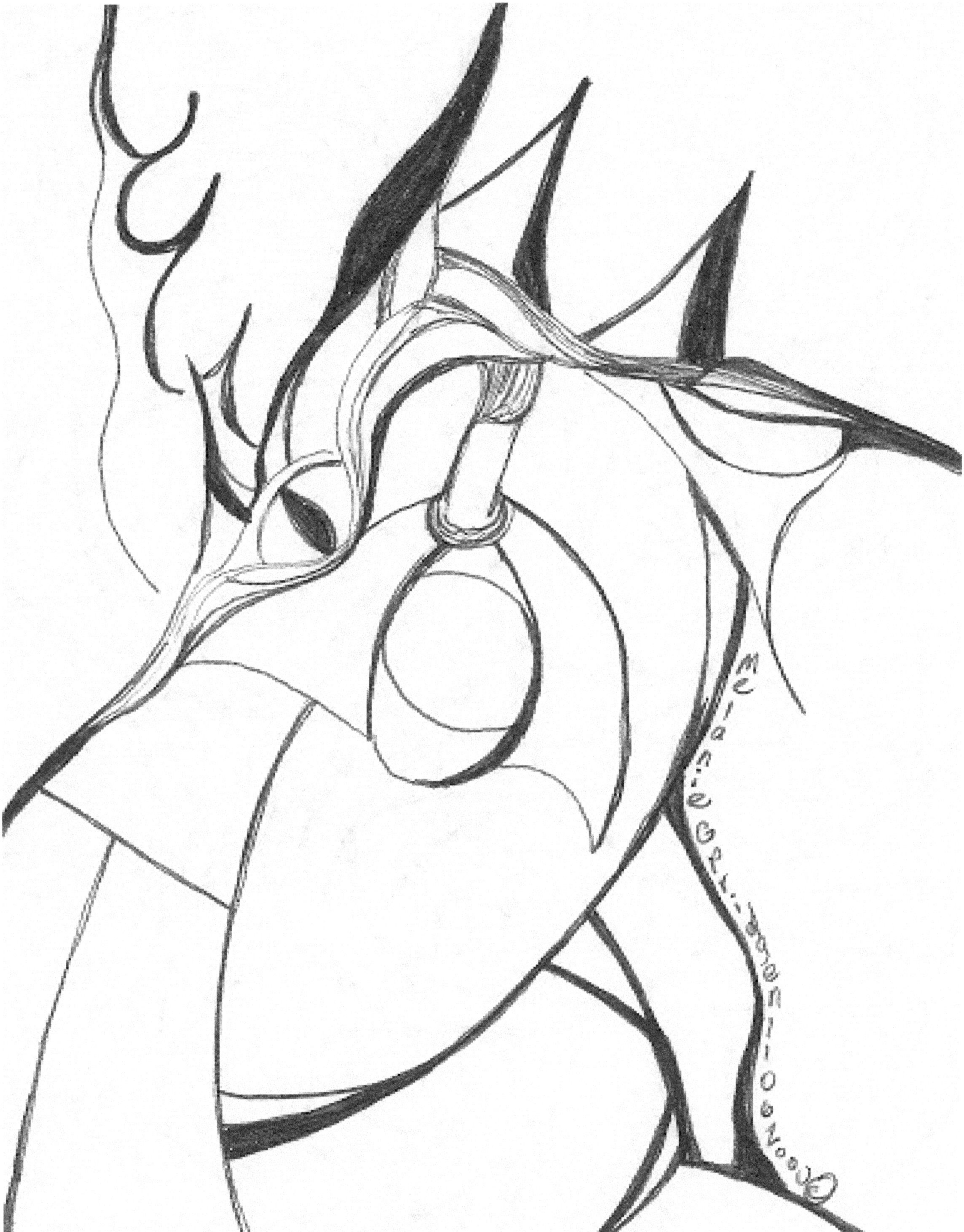
Melanie

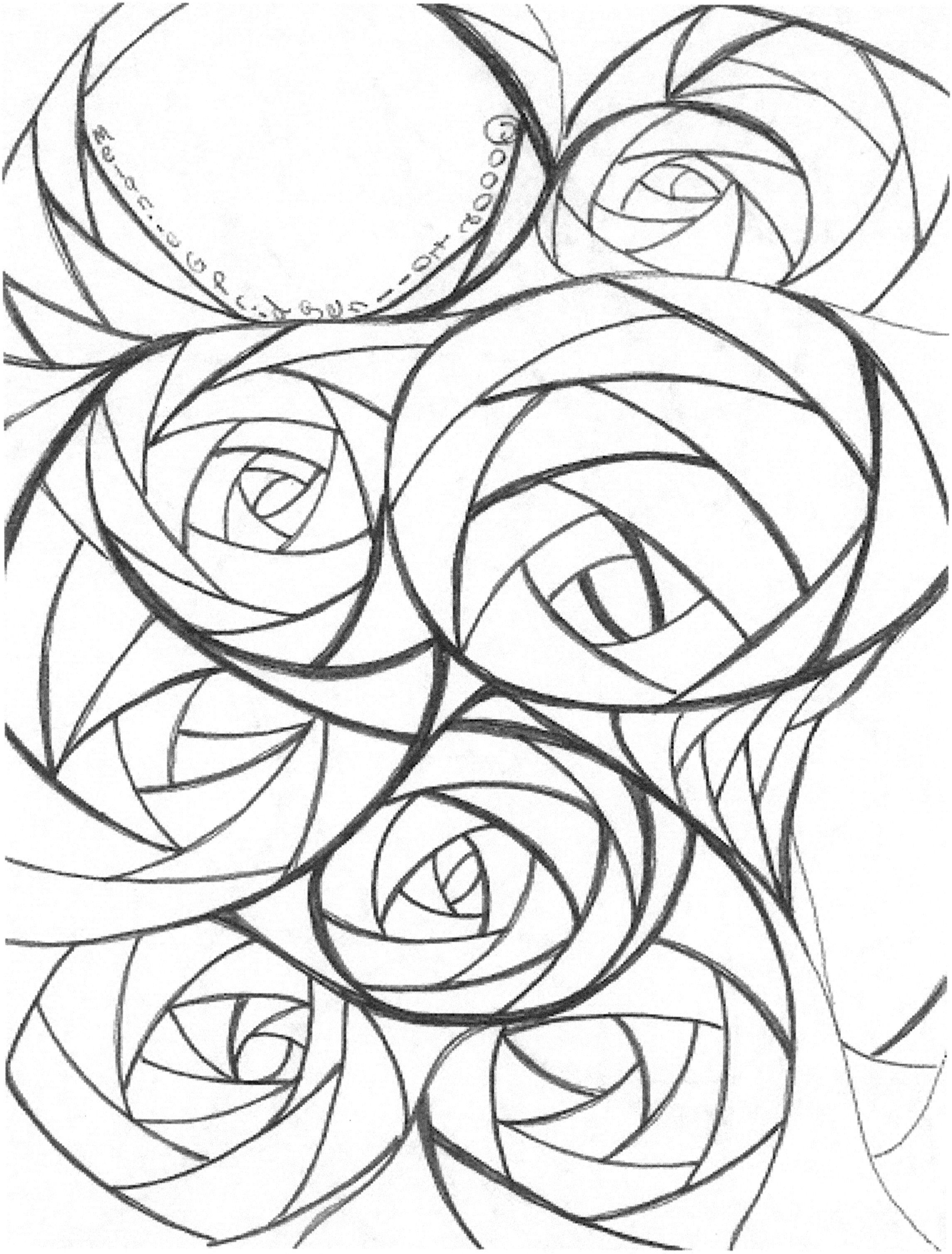

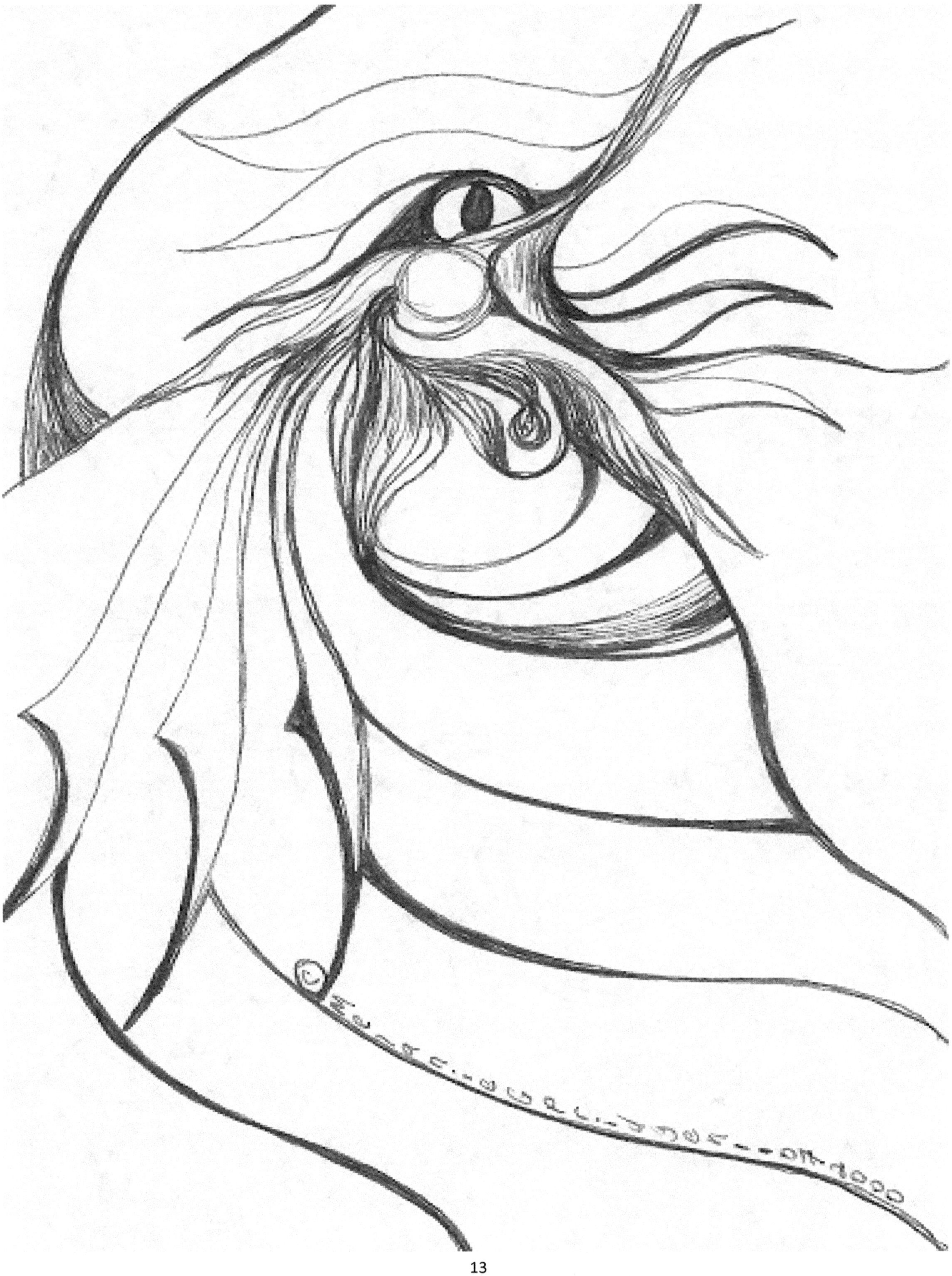

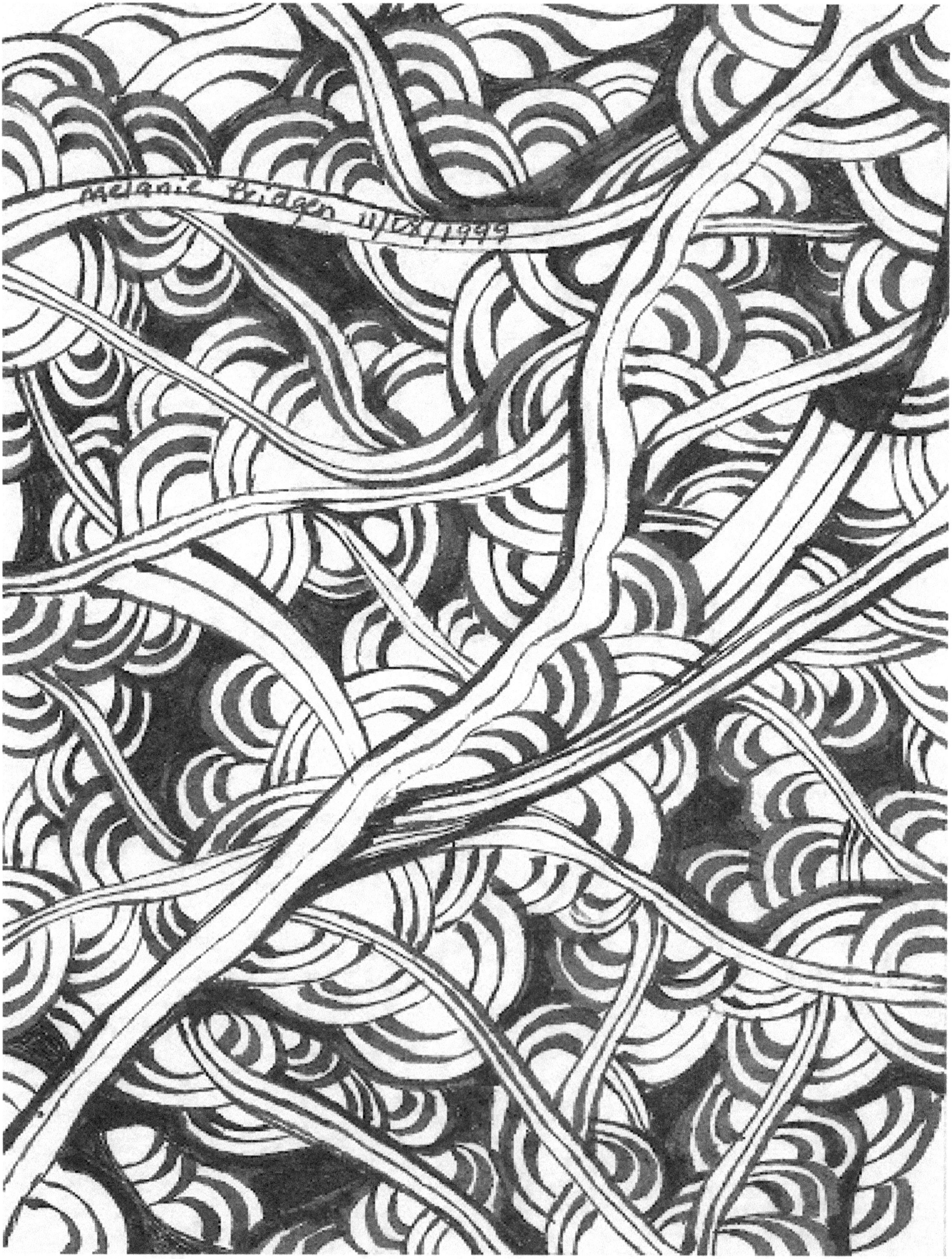
melanie

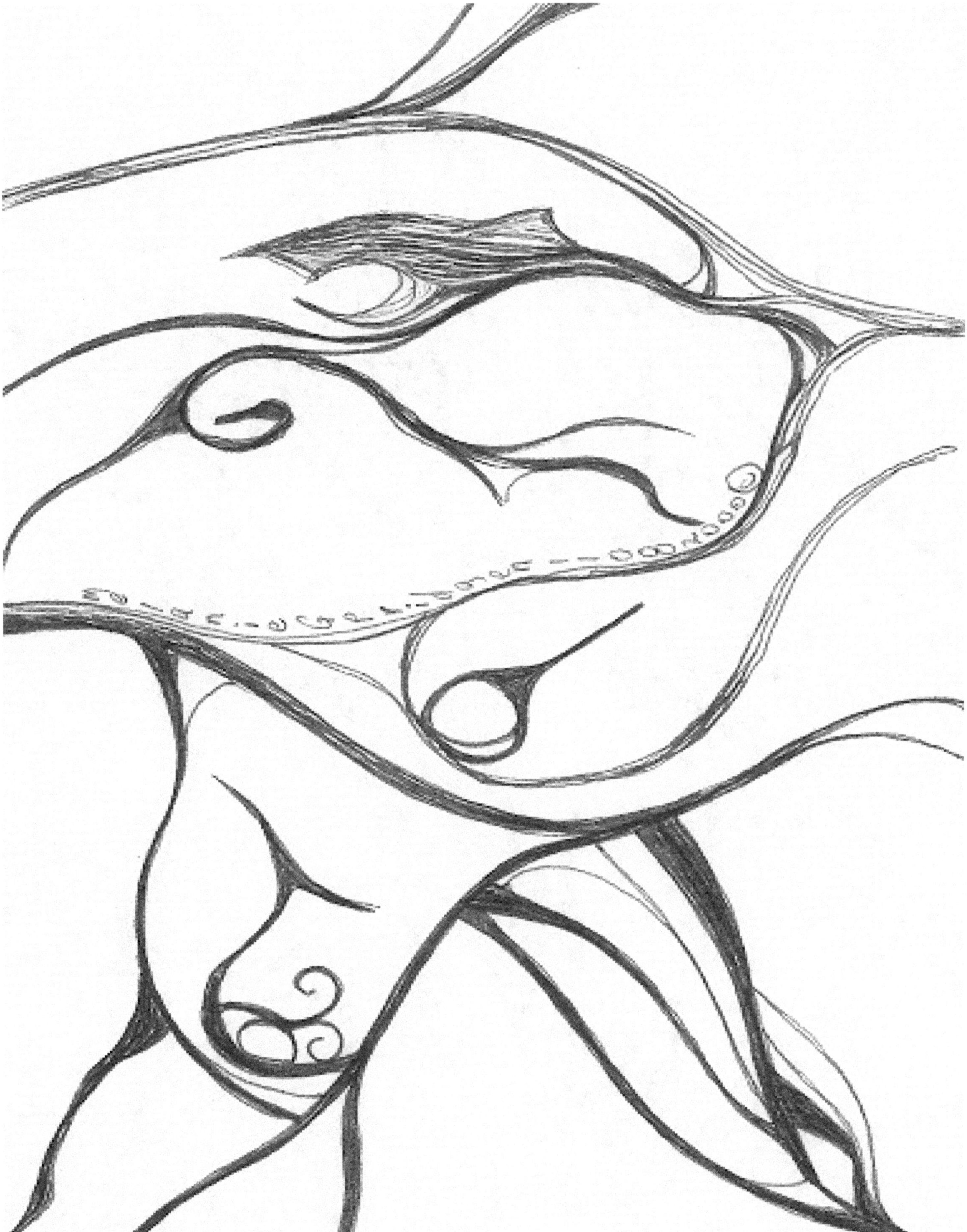

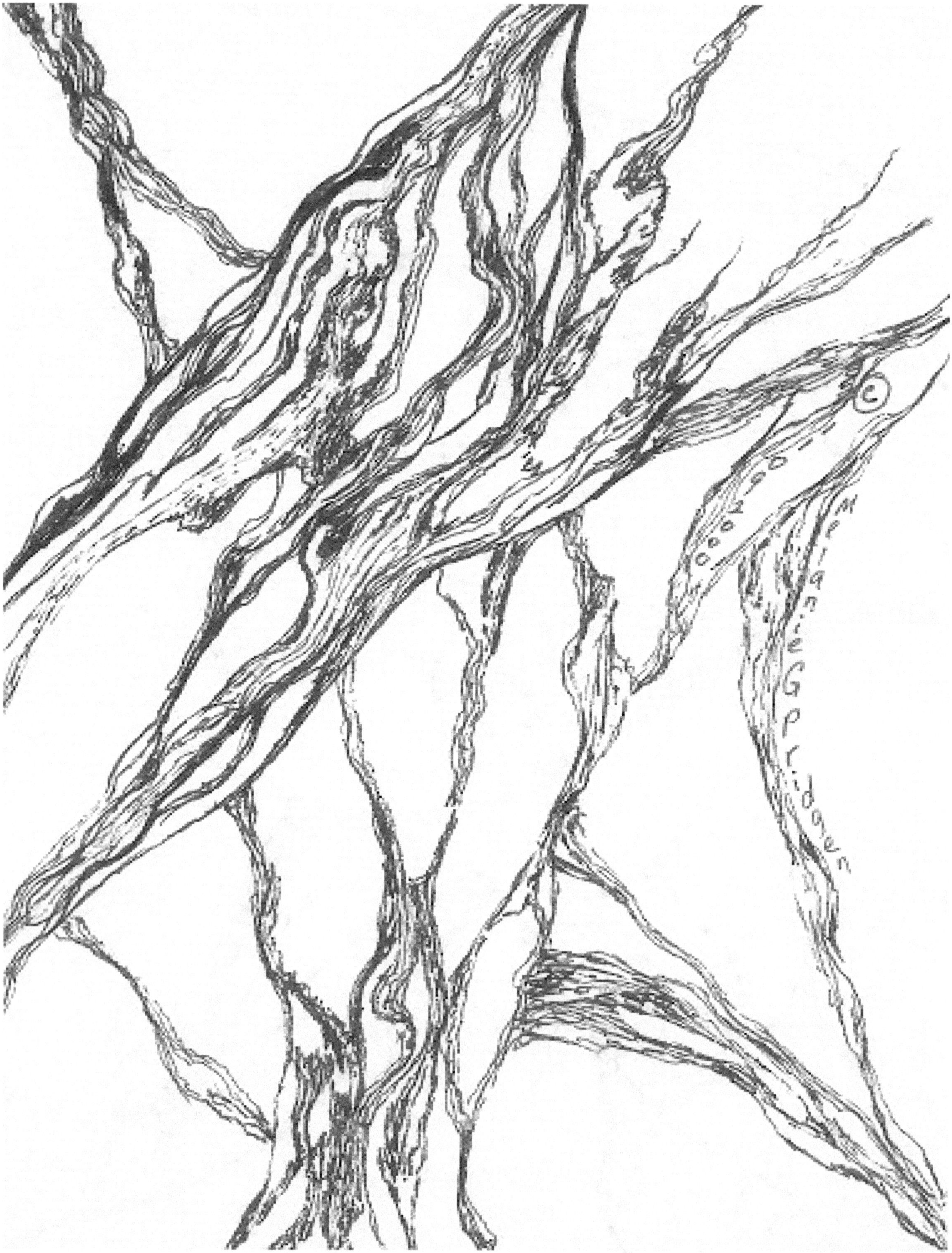
Melanie G Pridgen

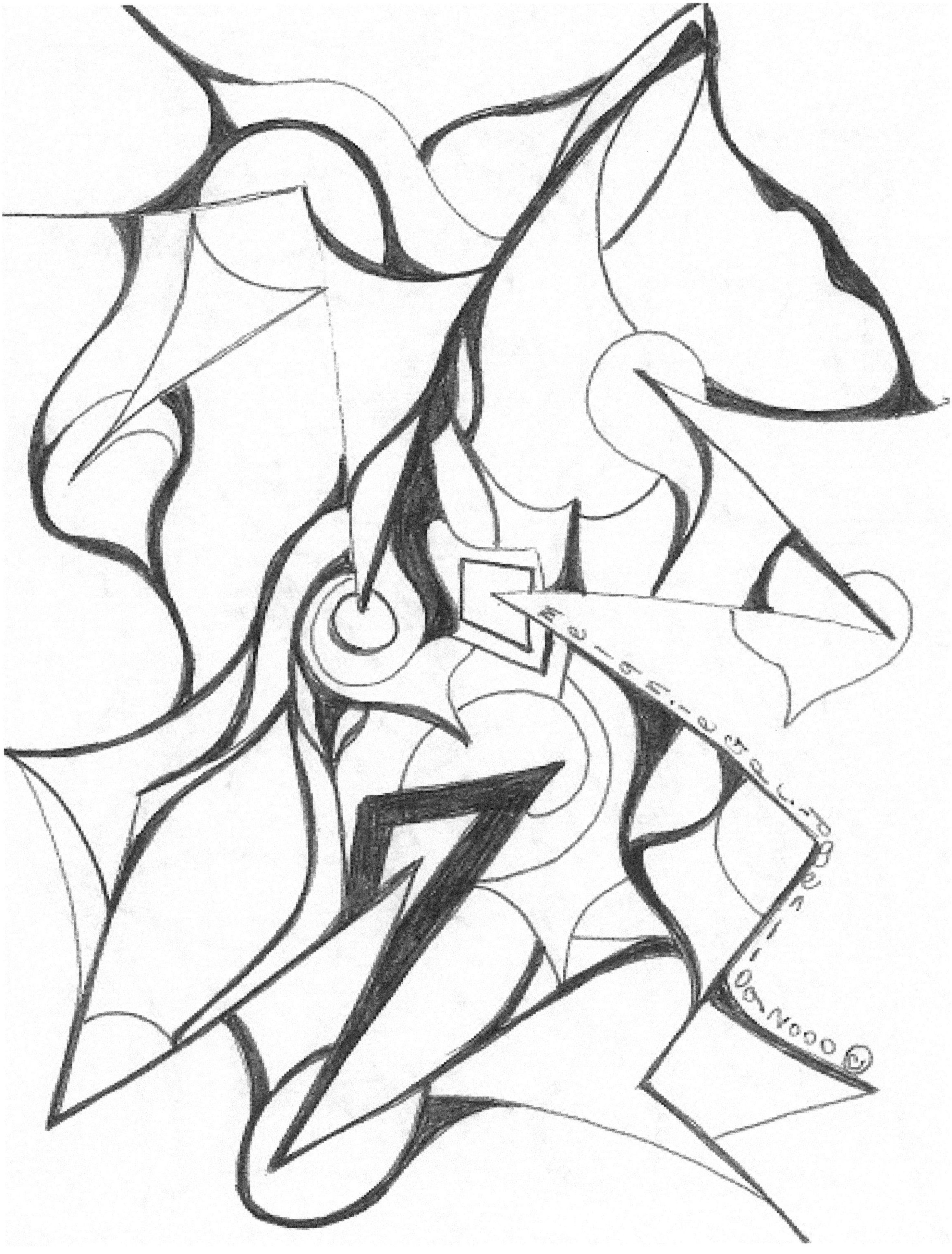

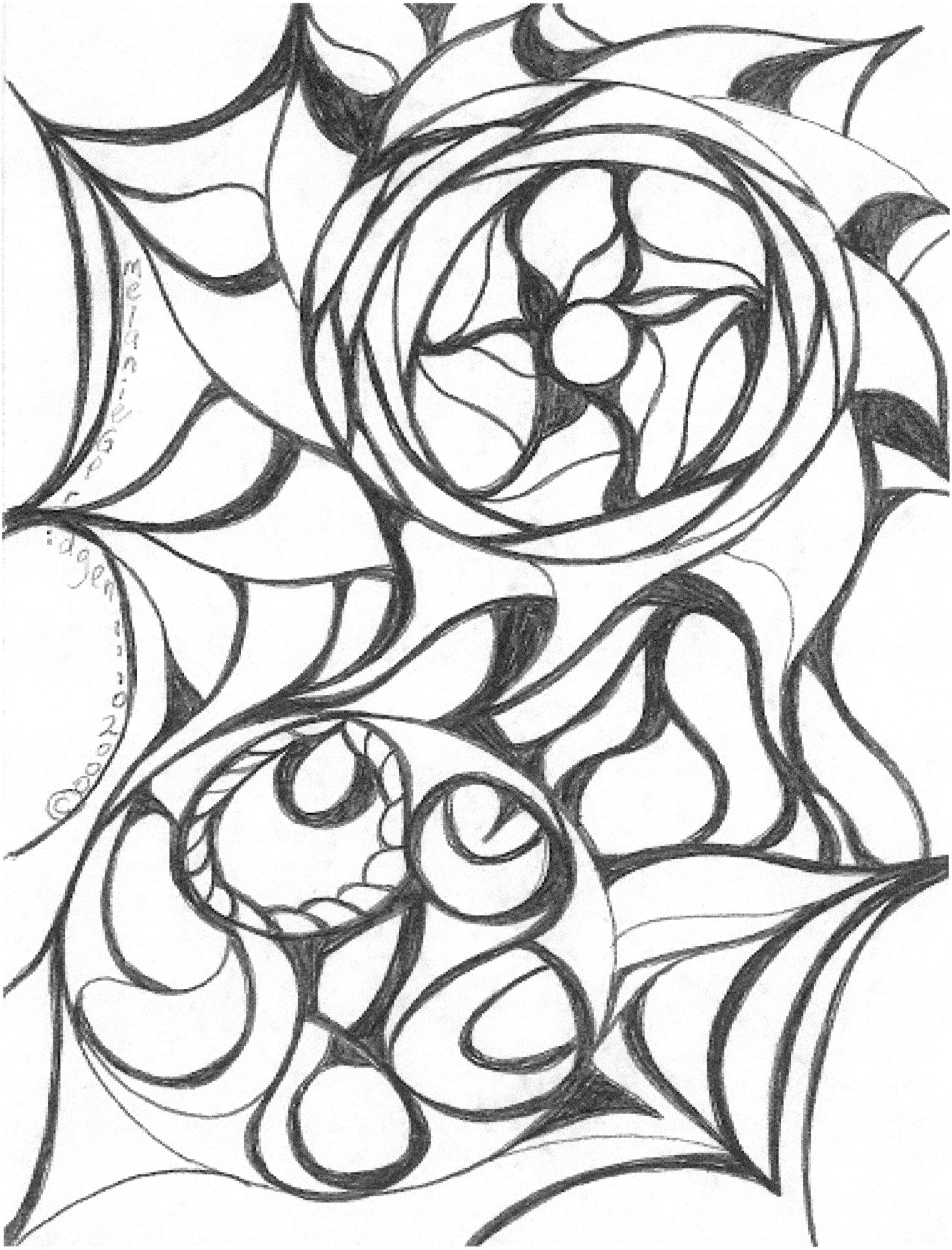

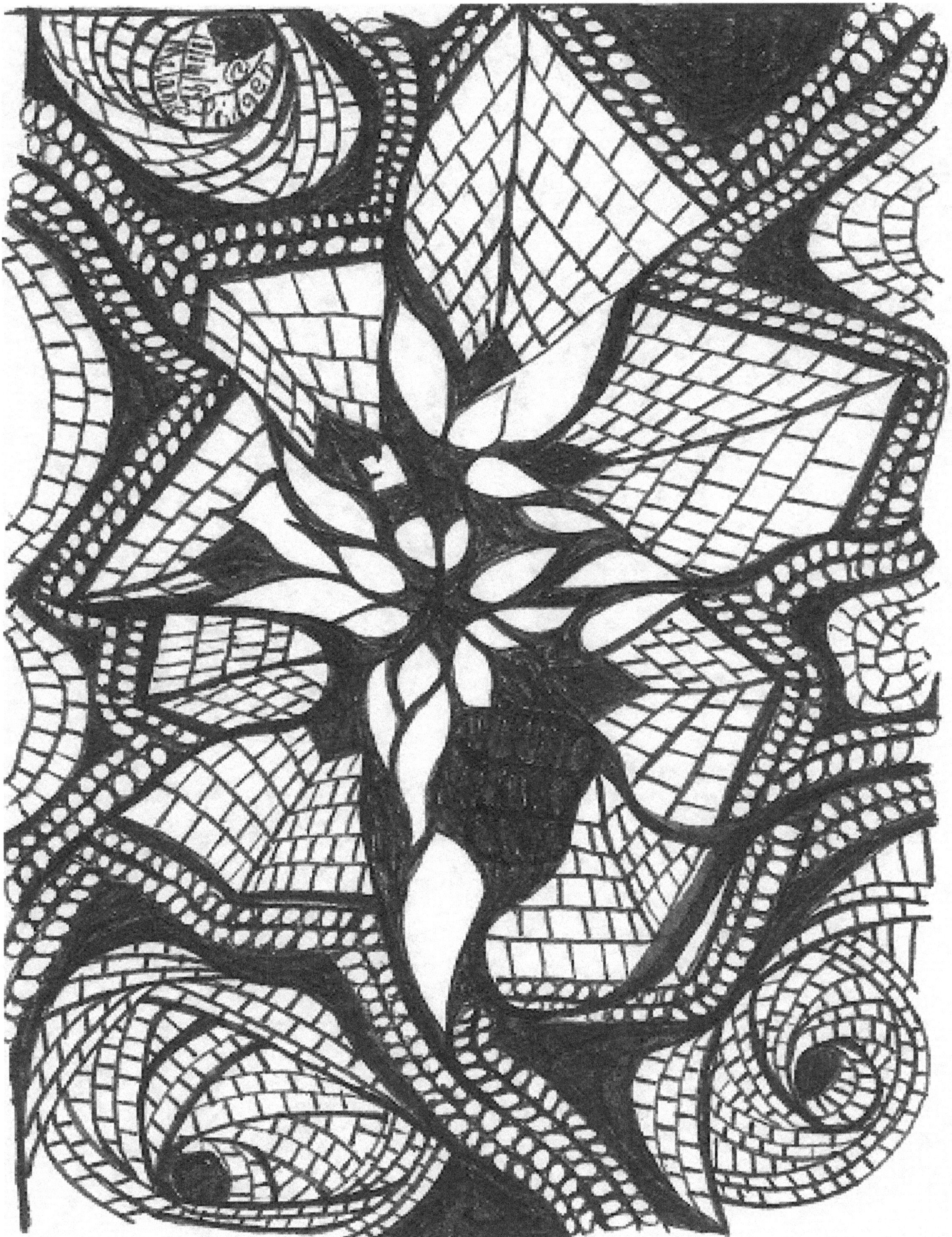

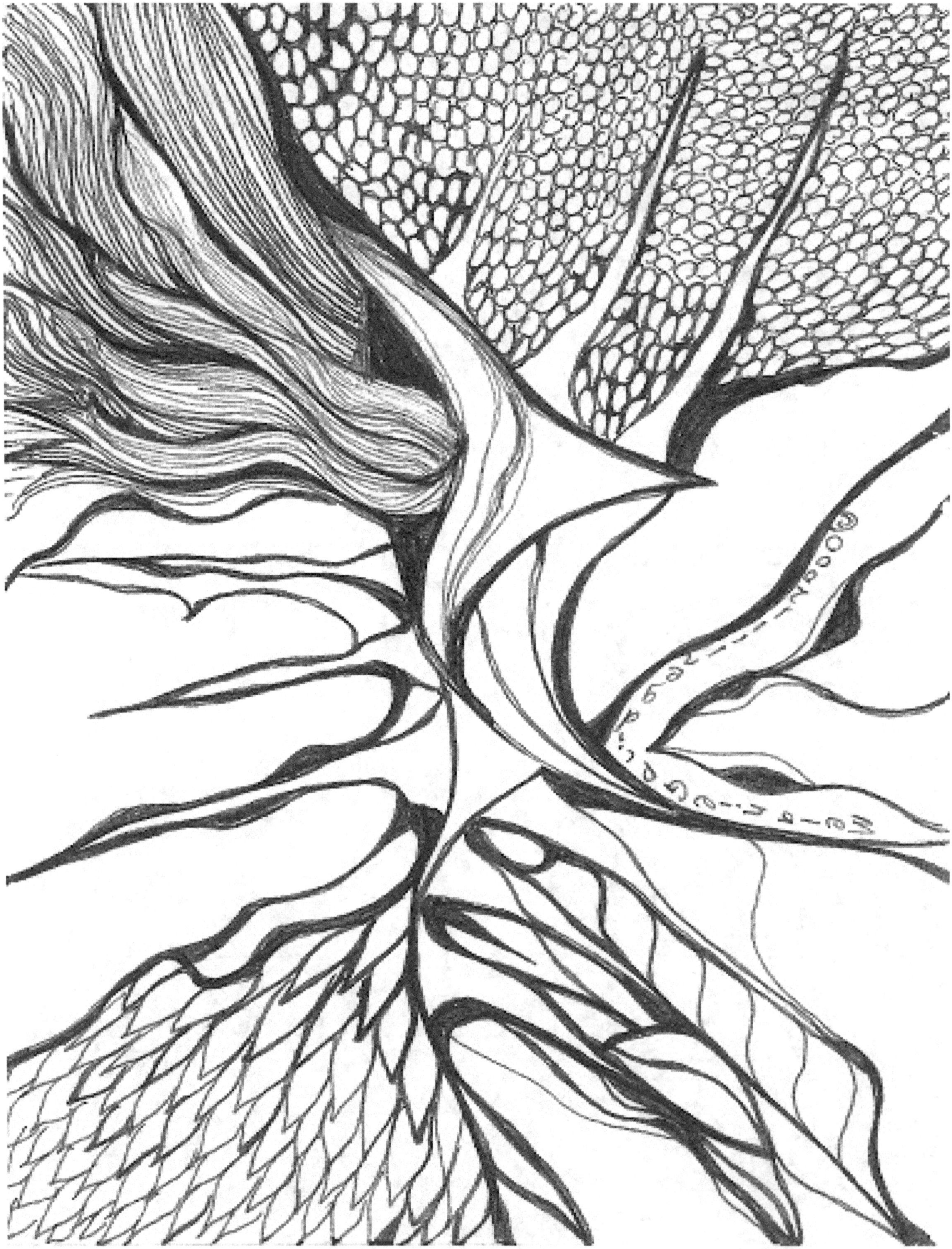

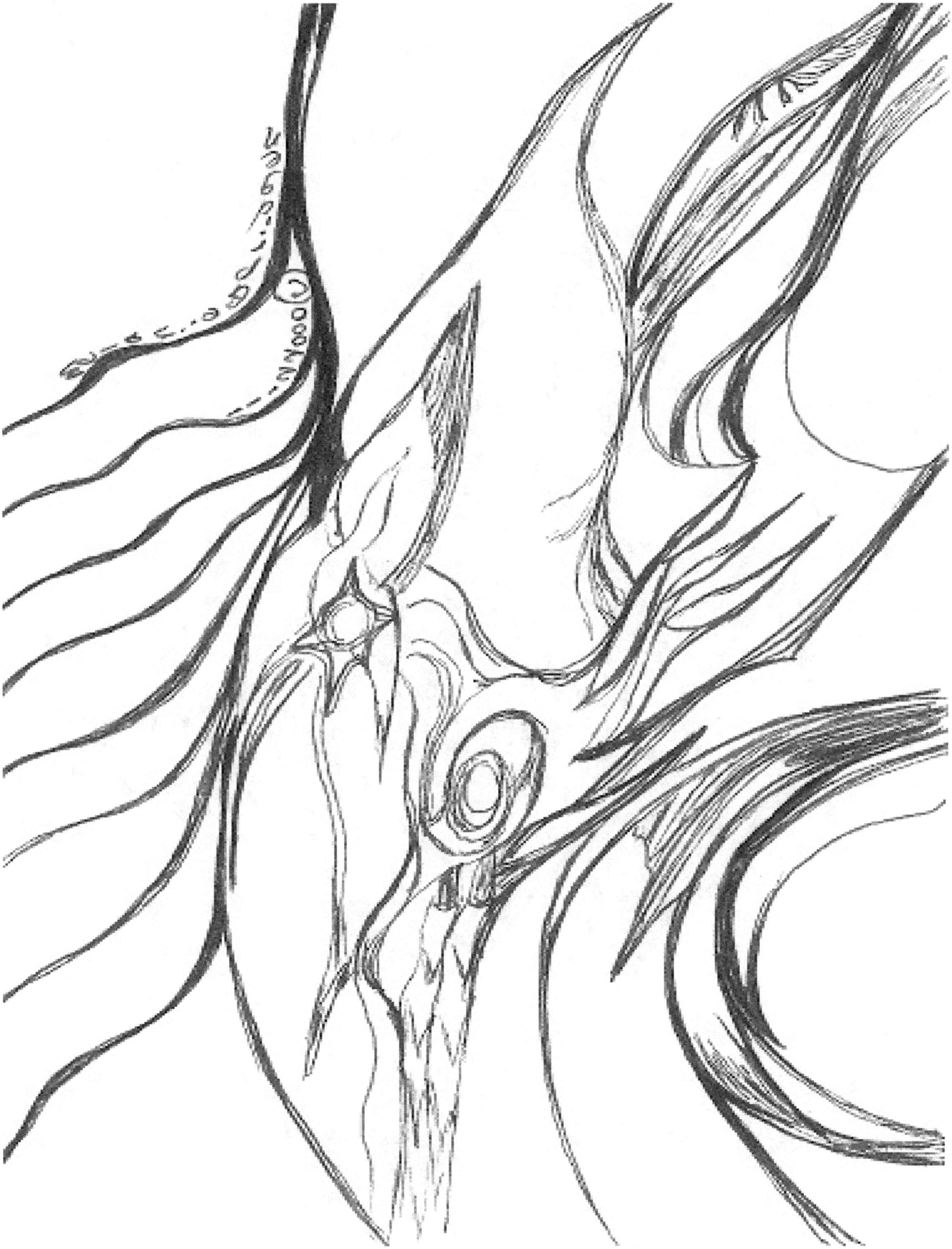

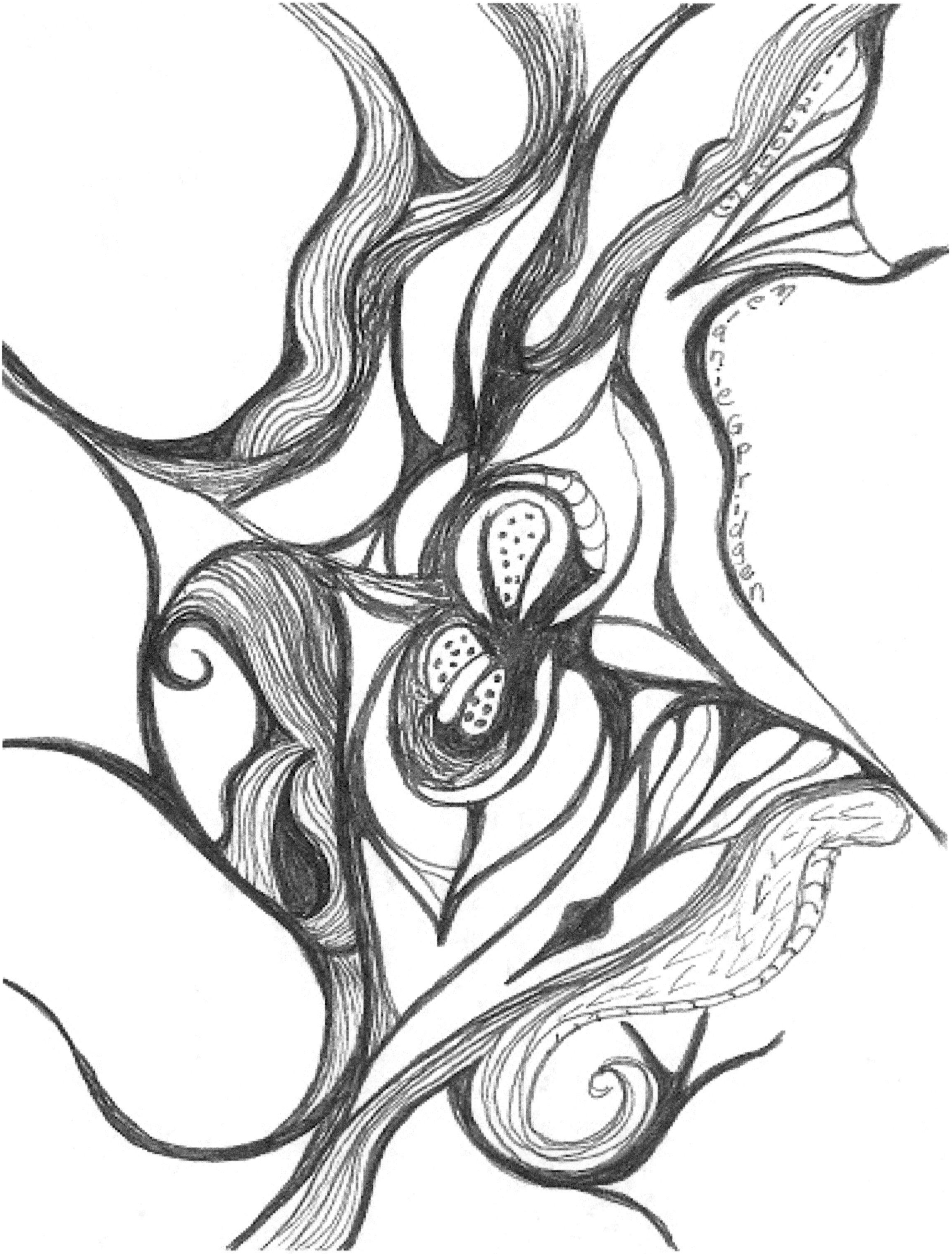

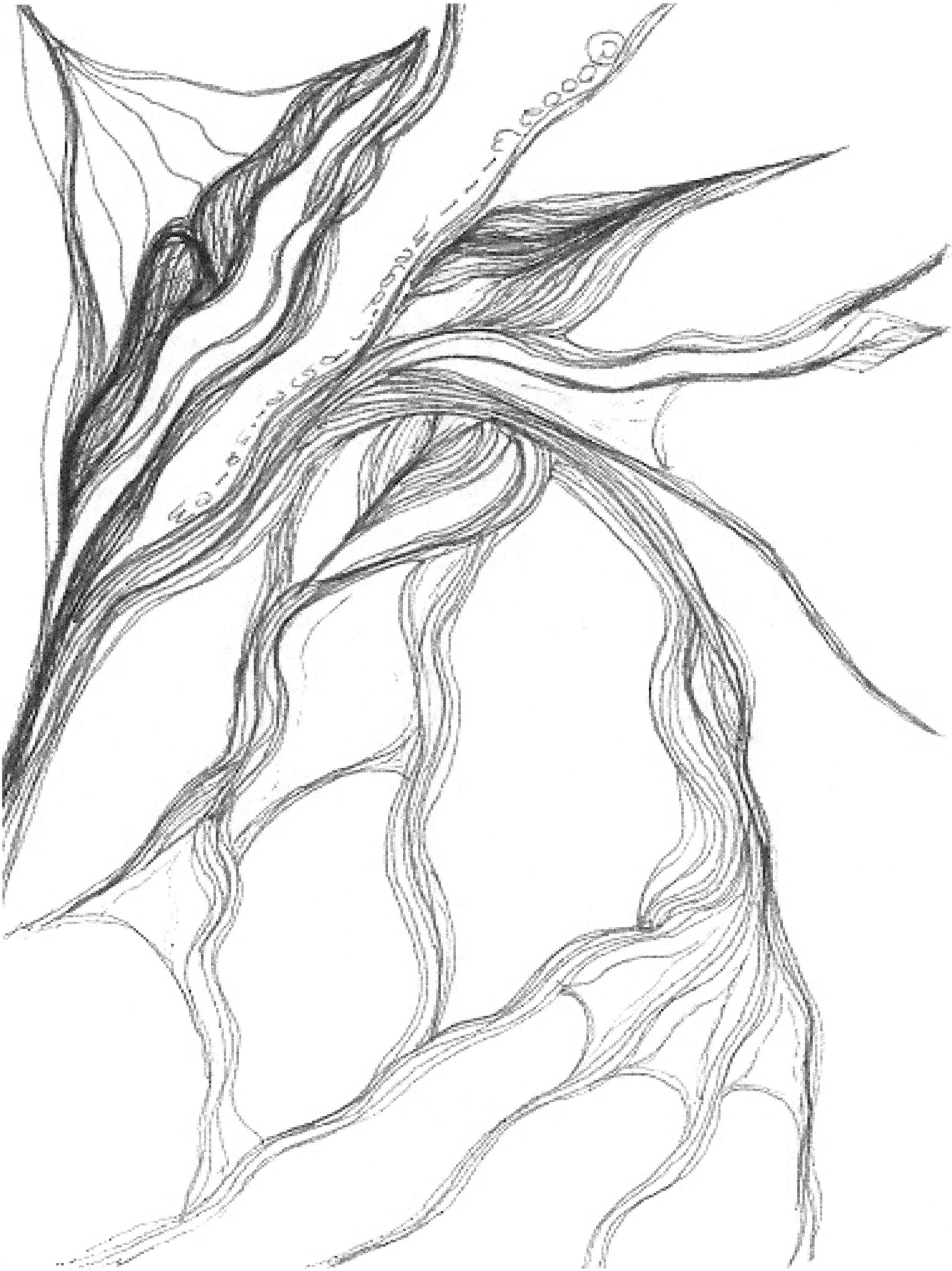

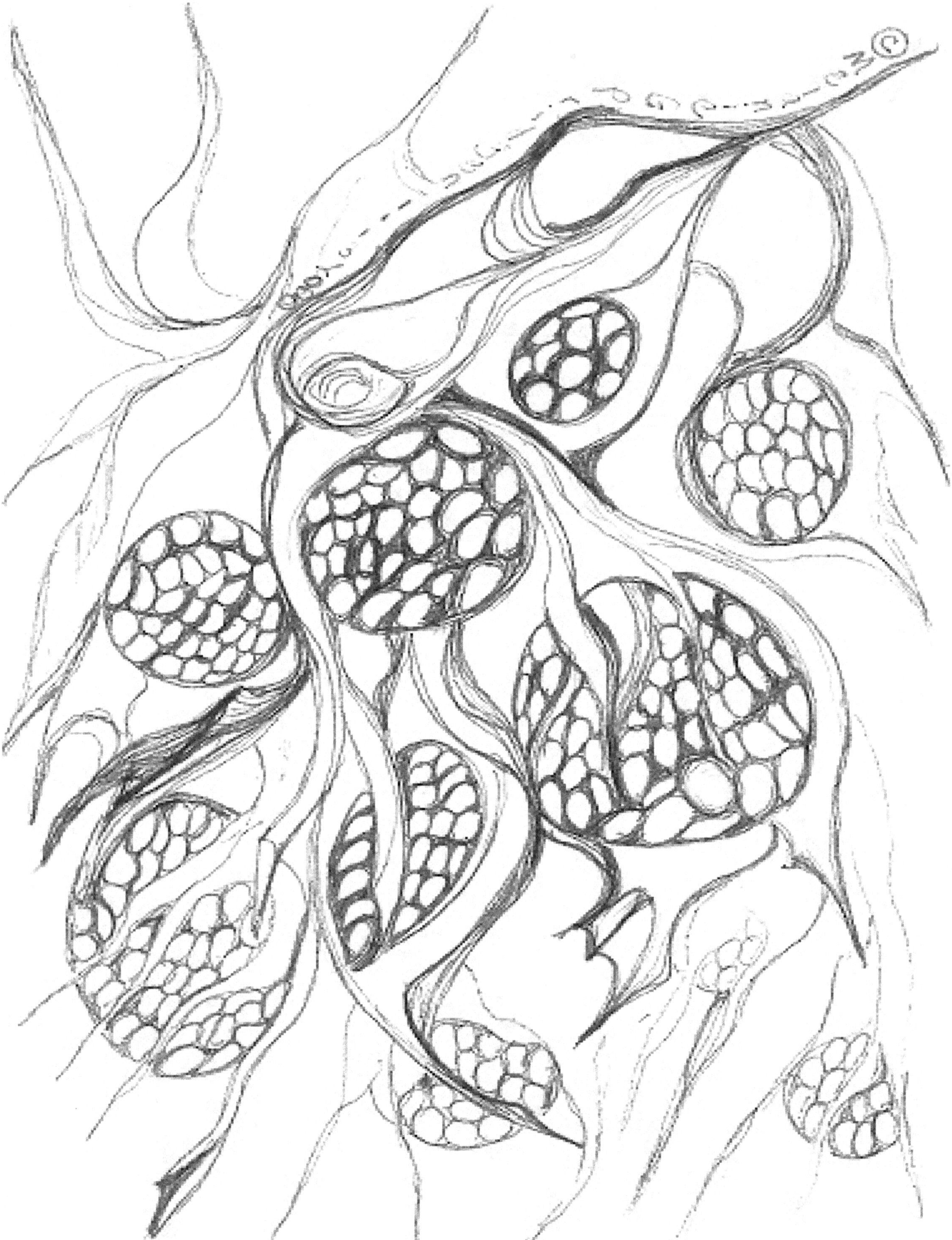

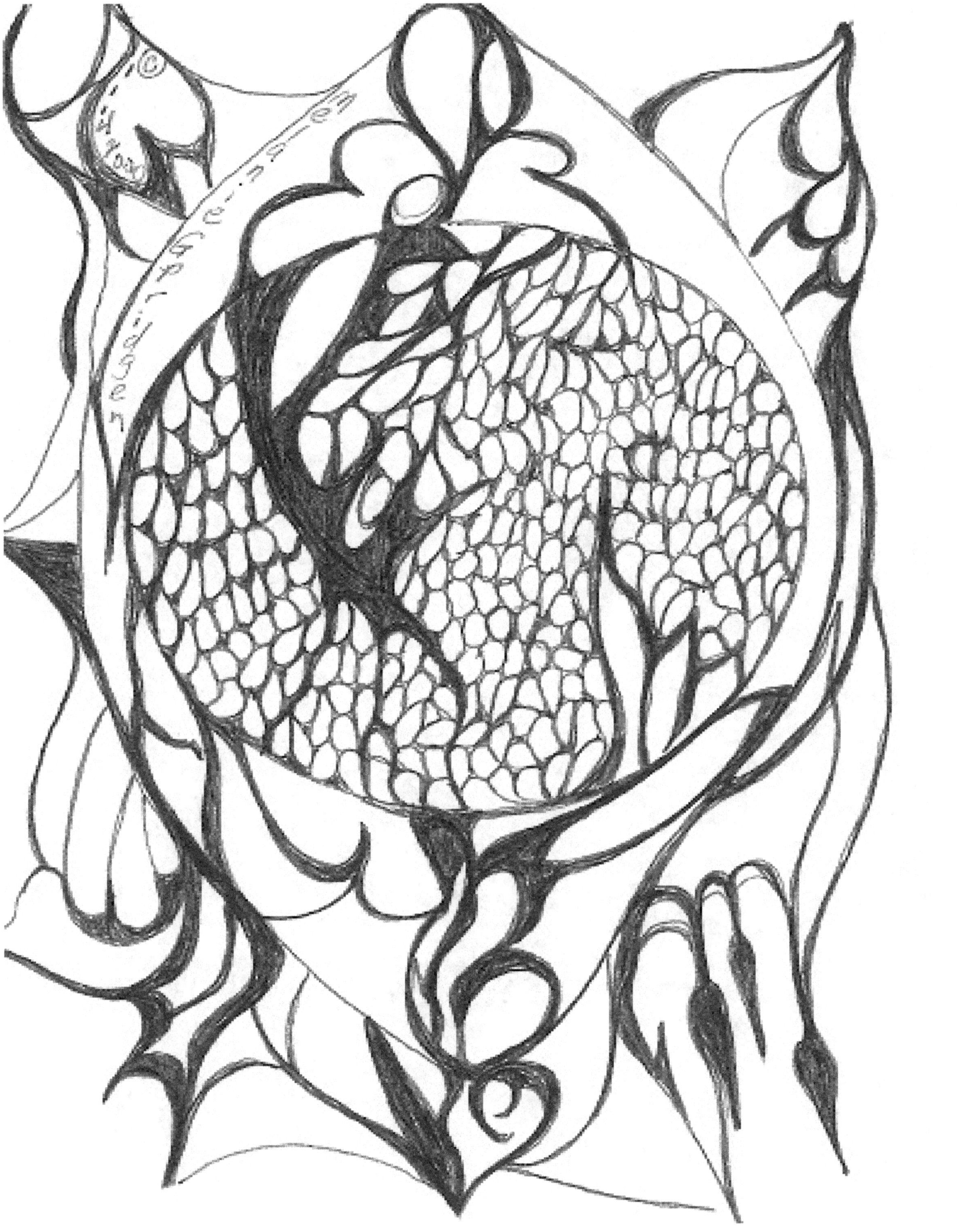

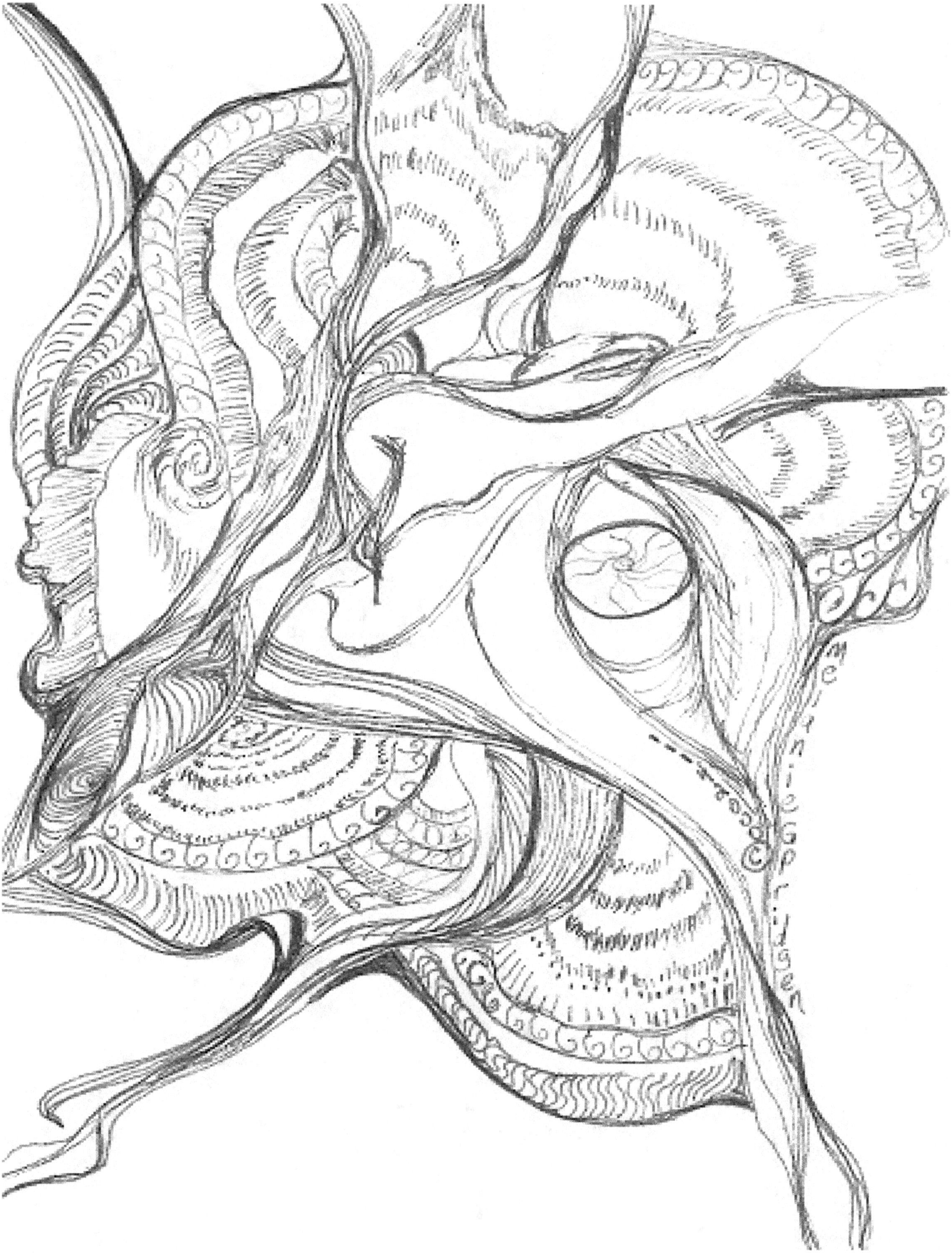

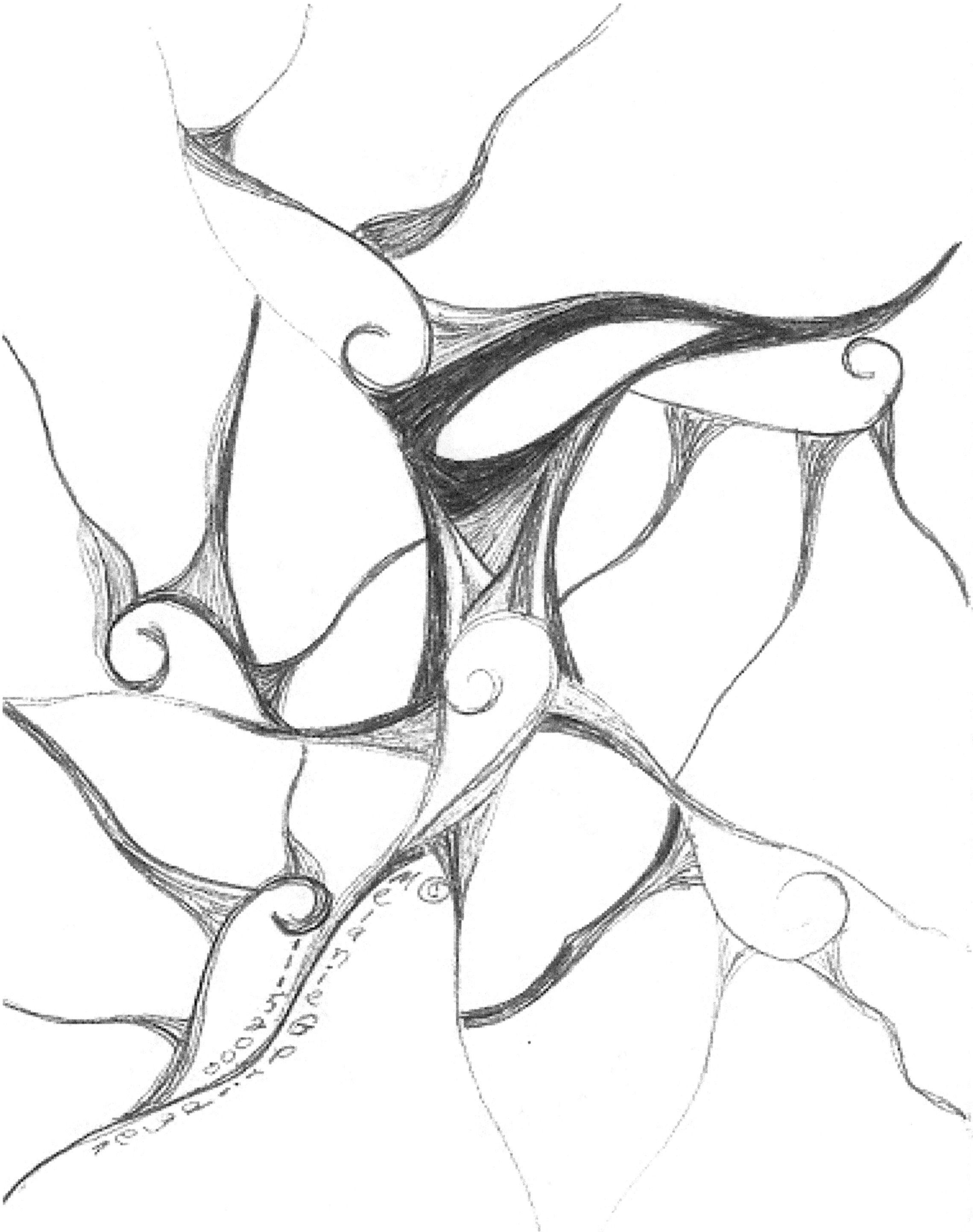

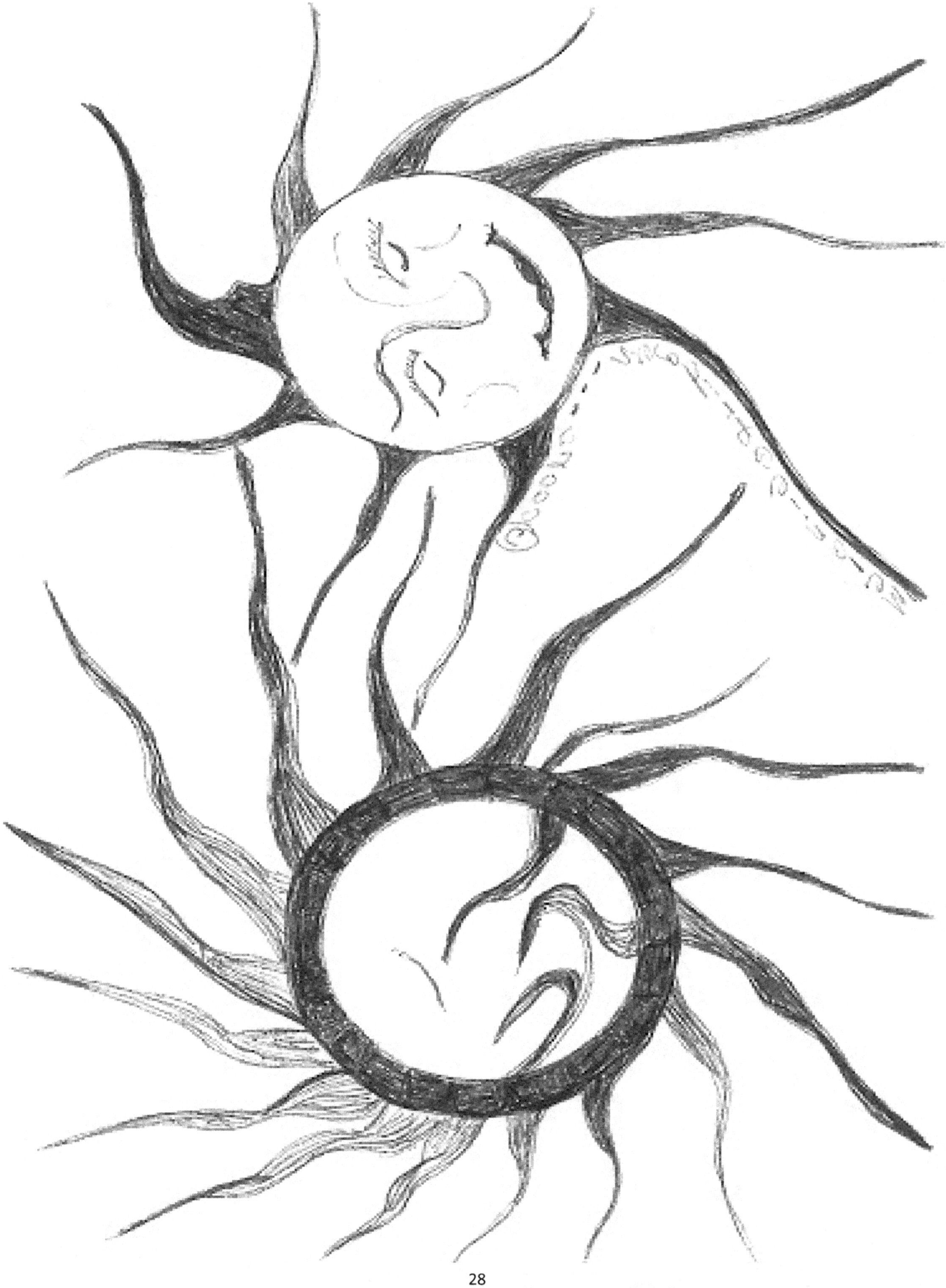

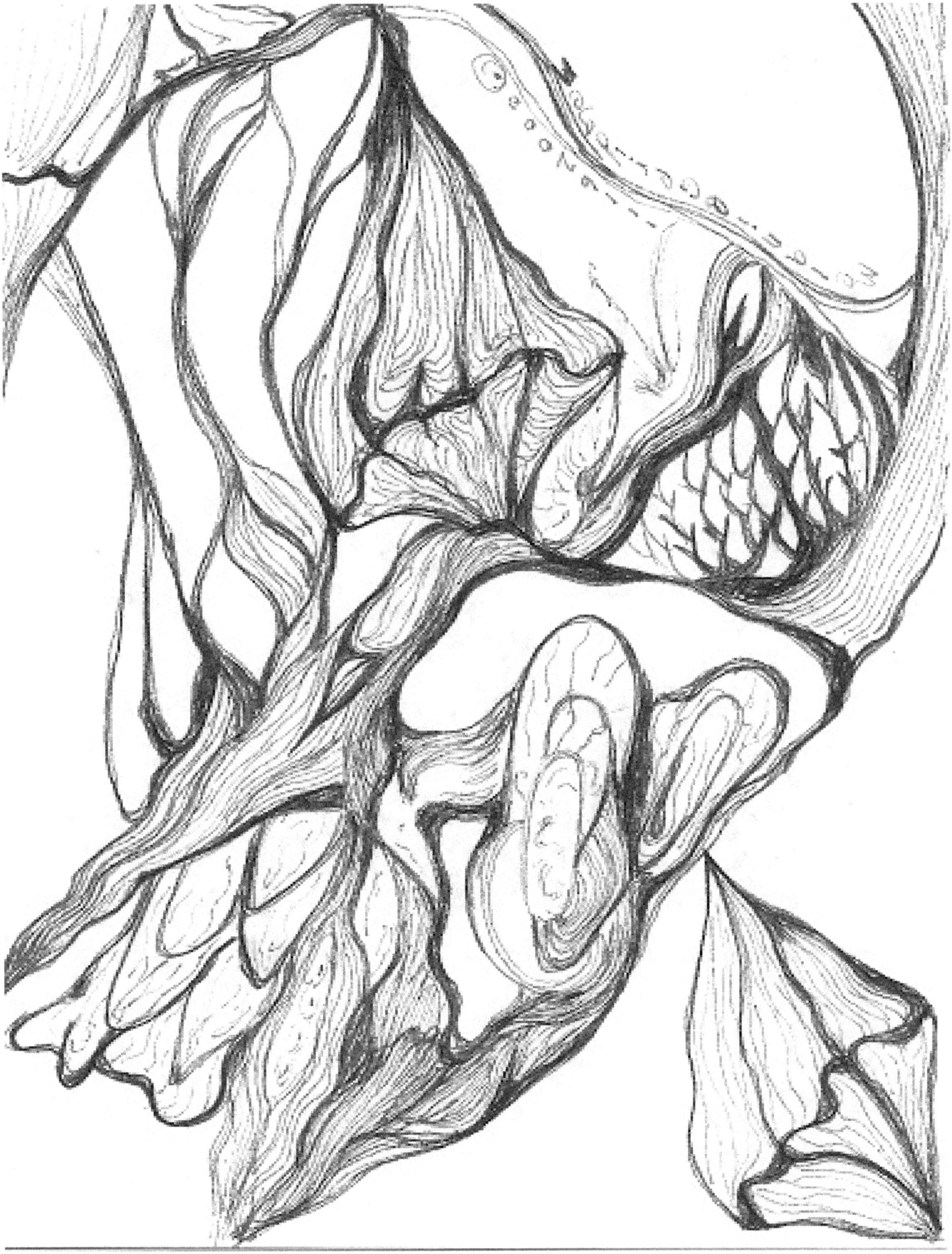

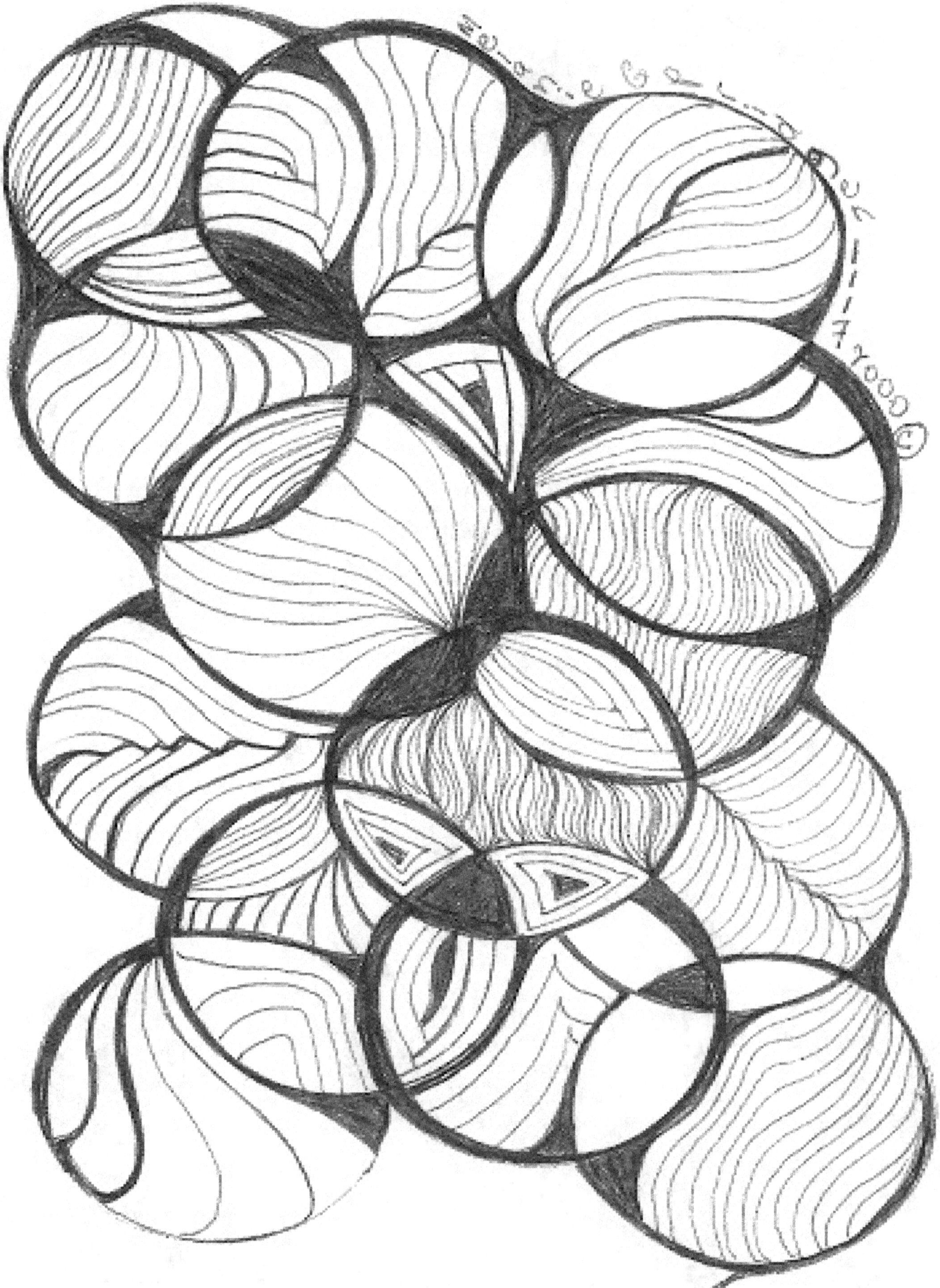

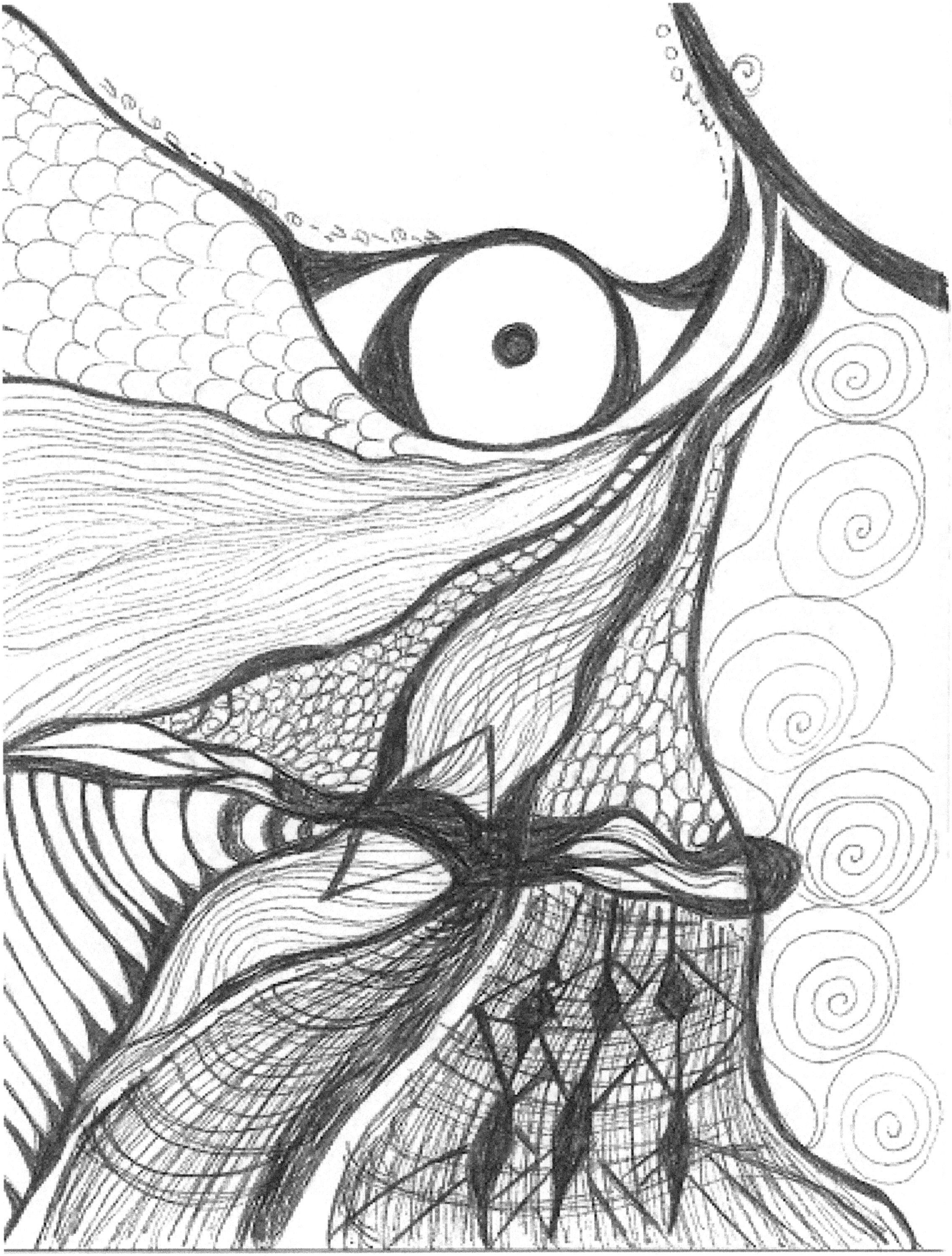

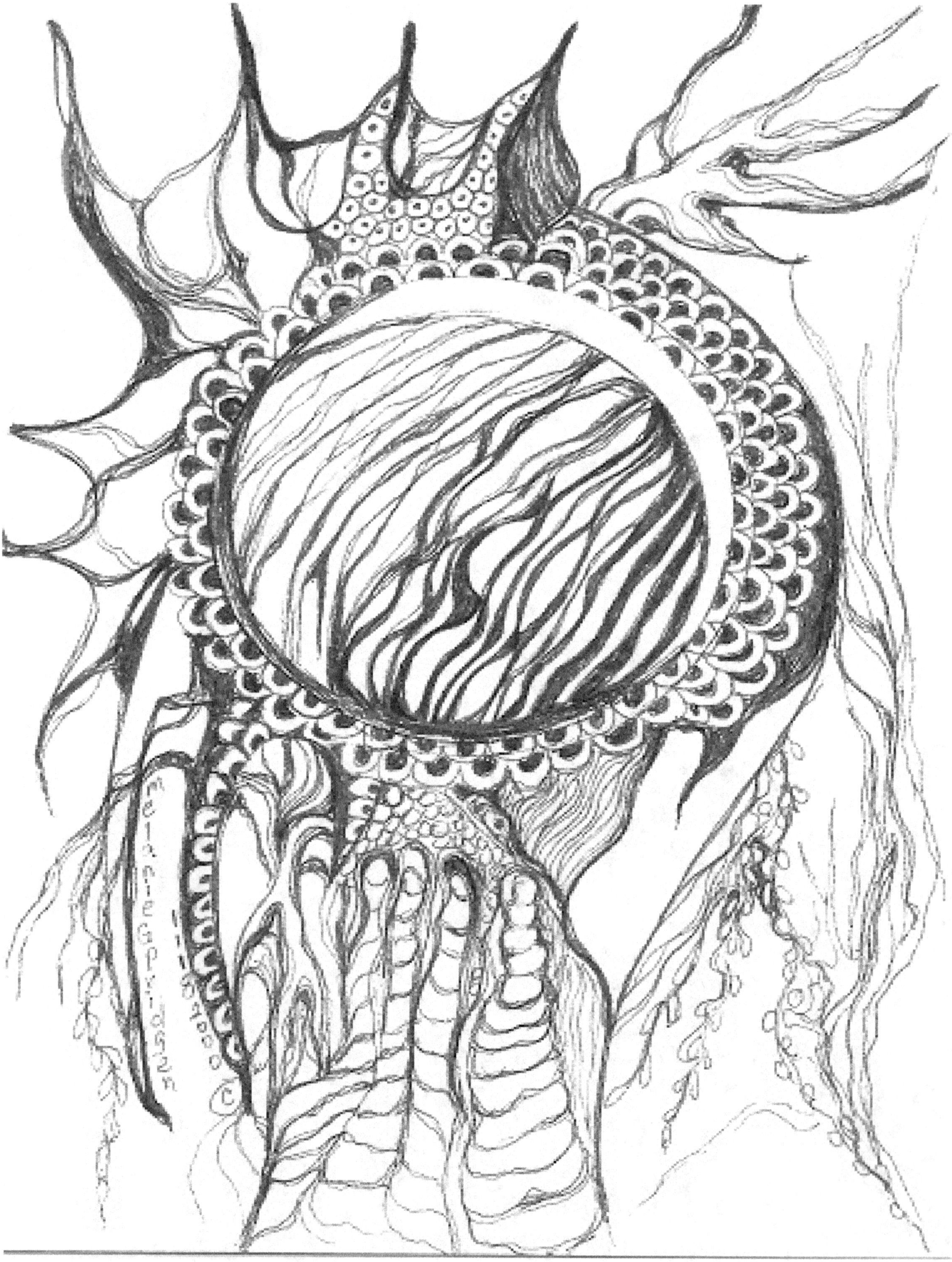

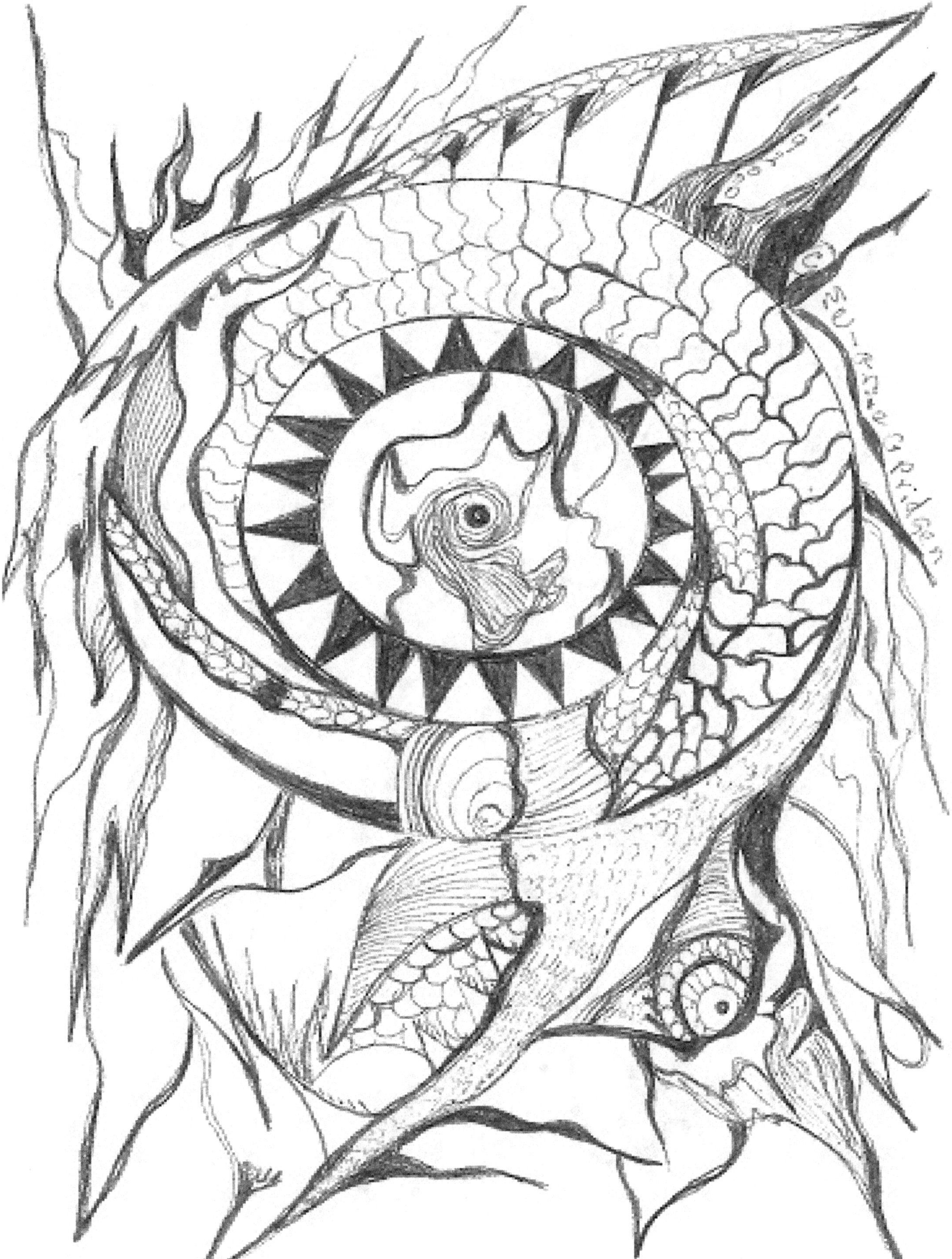

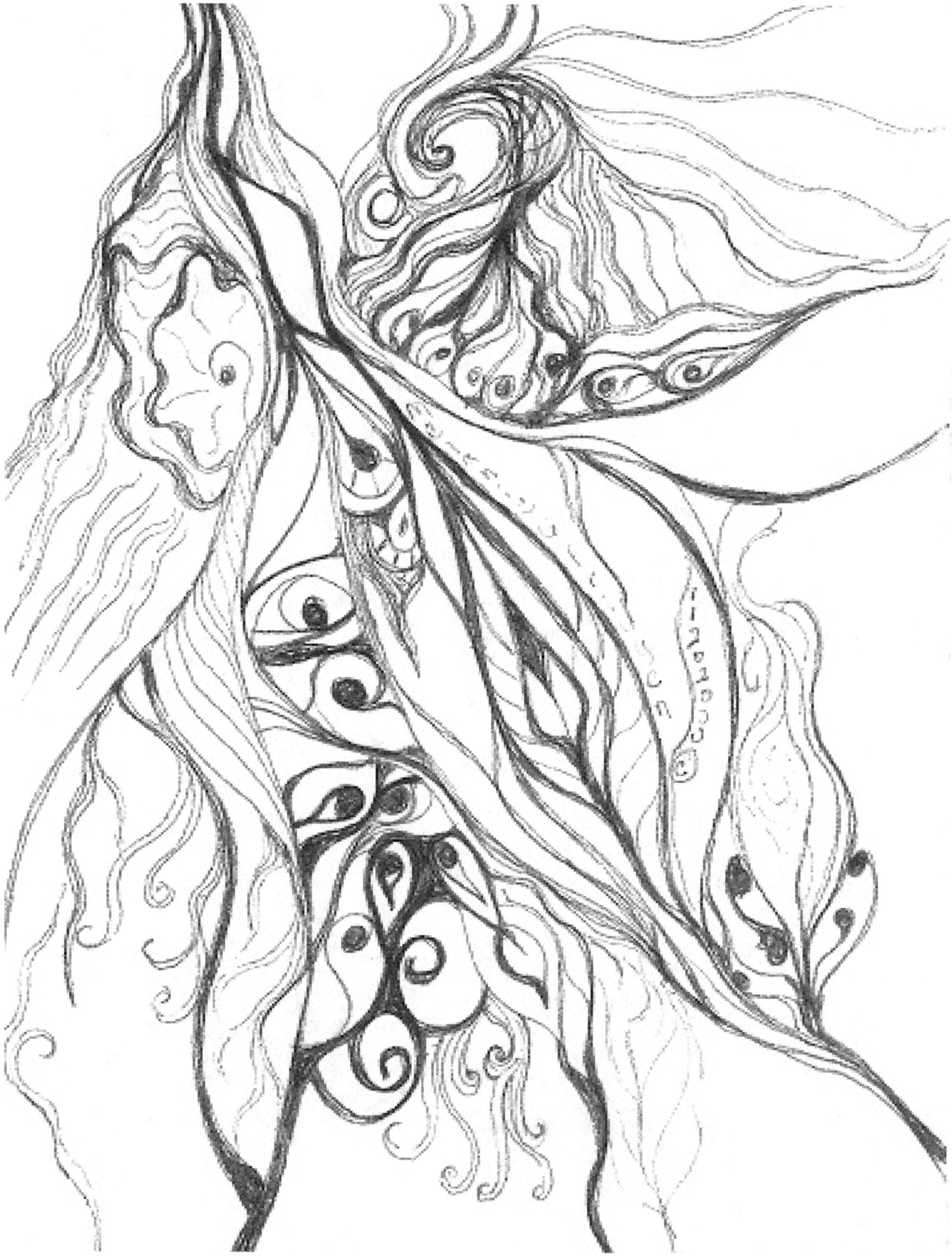

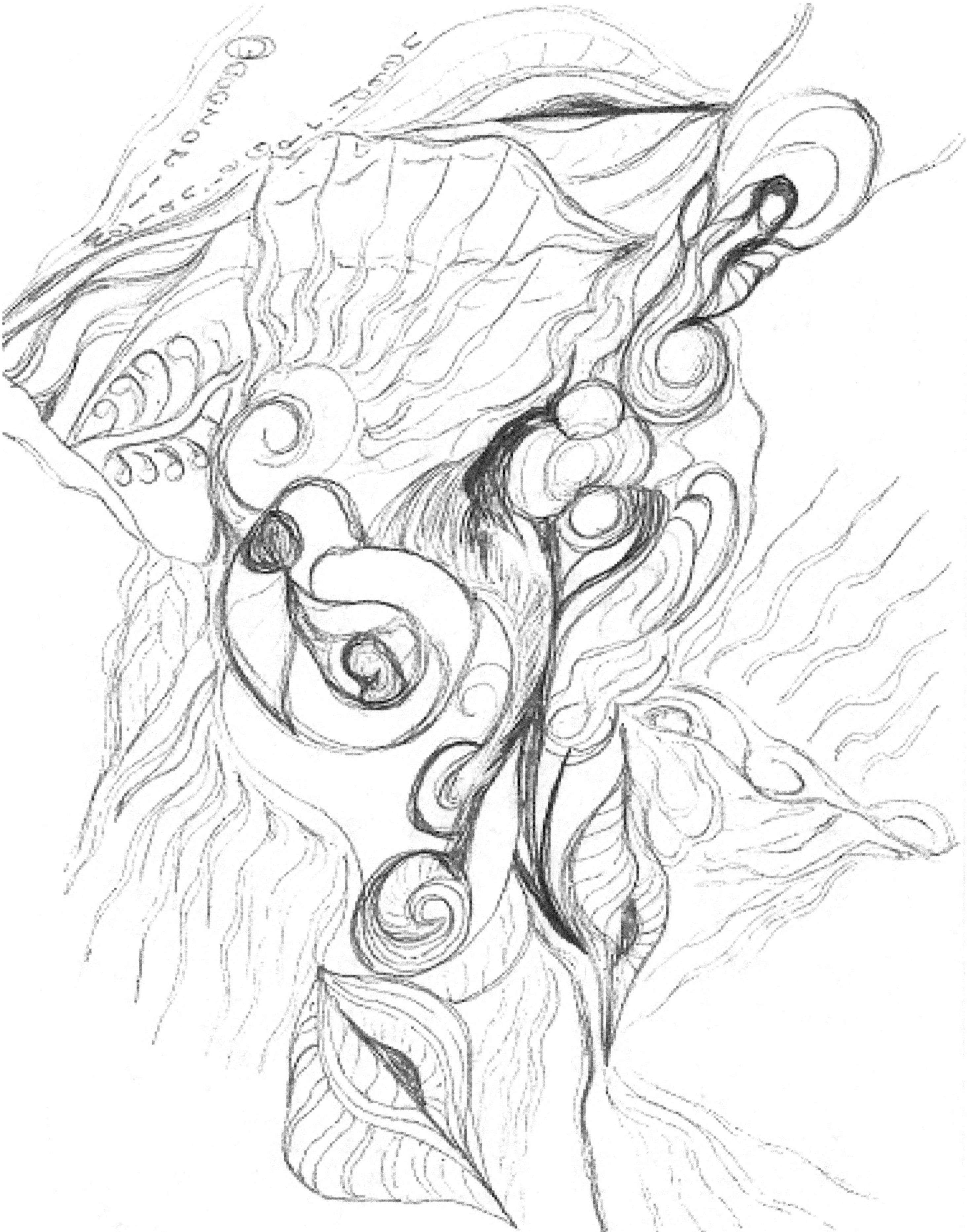

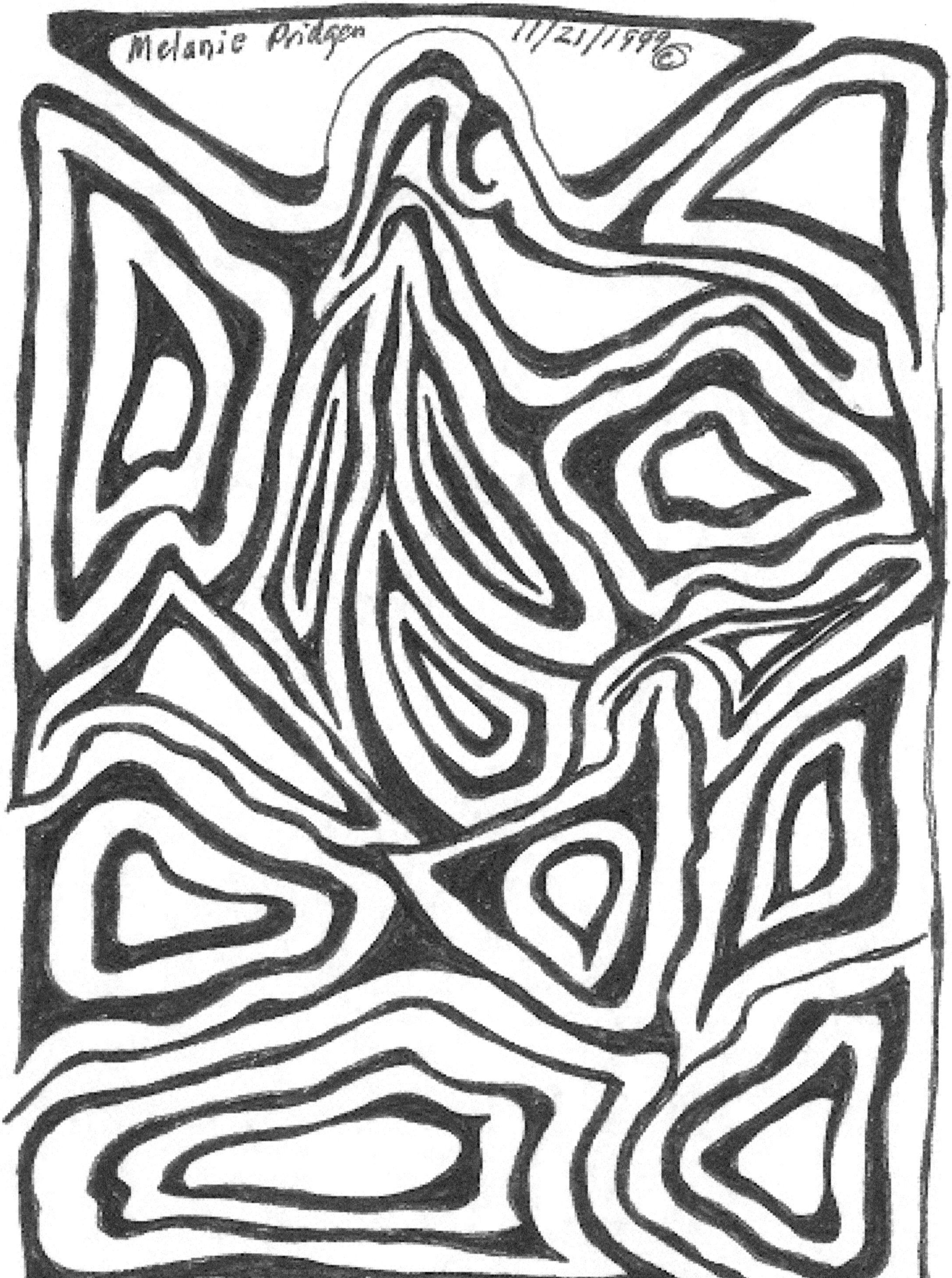
Melanie Pridgen
11/21/1999©

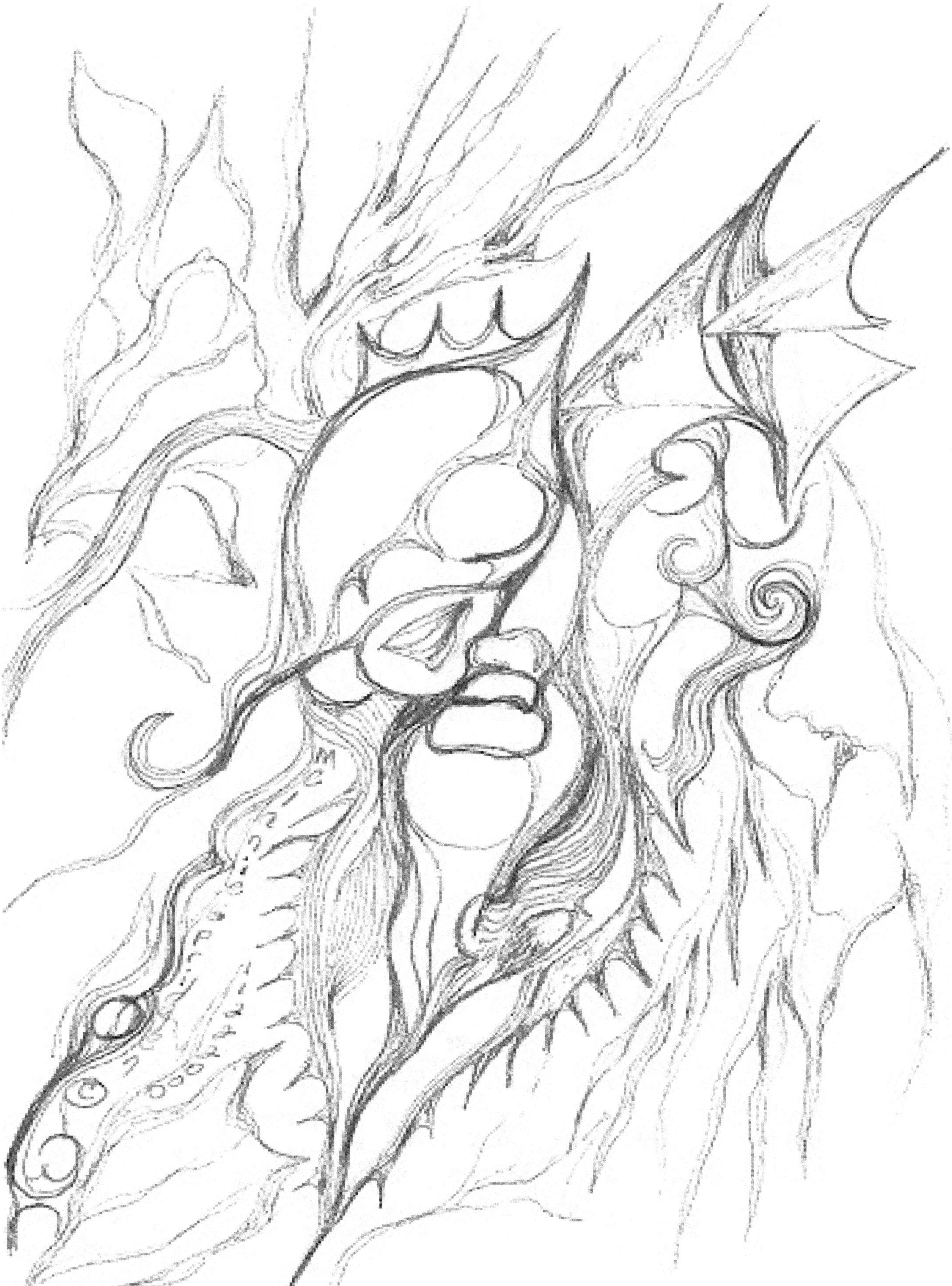

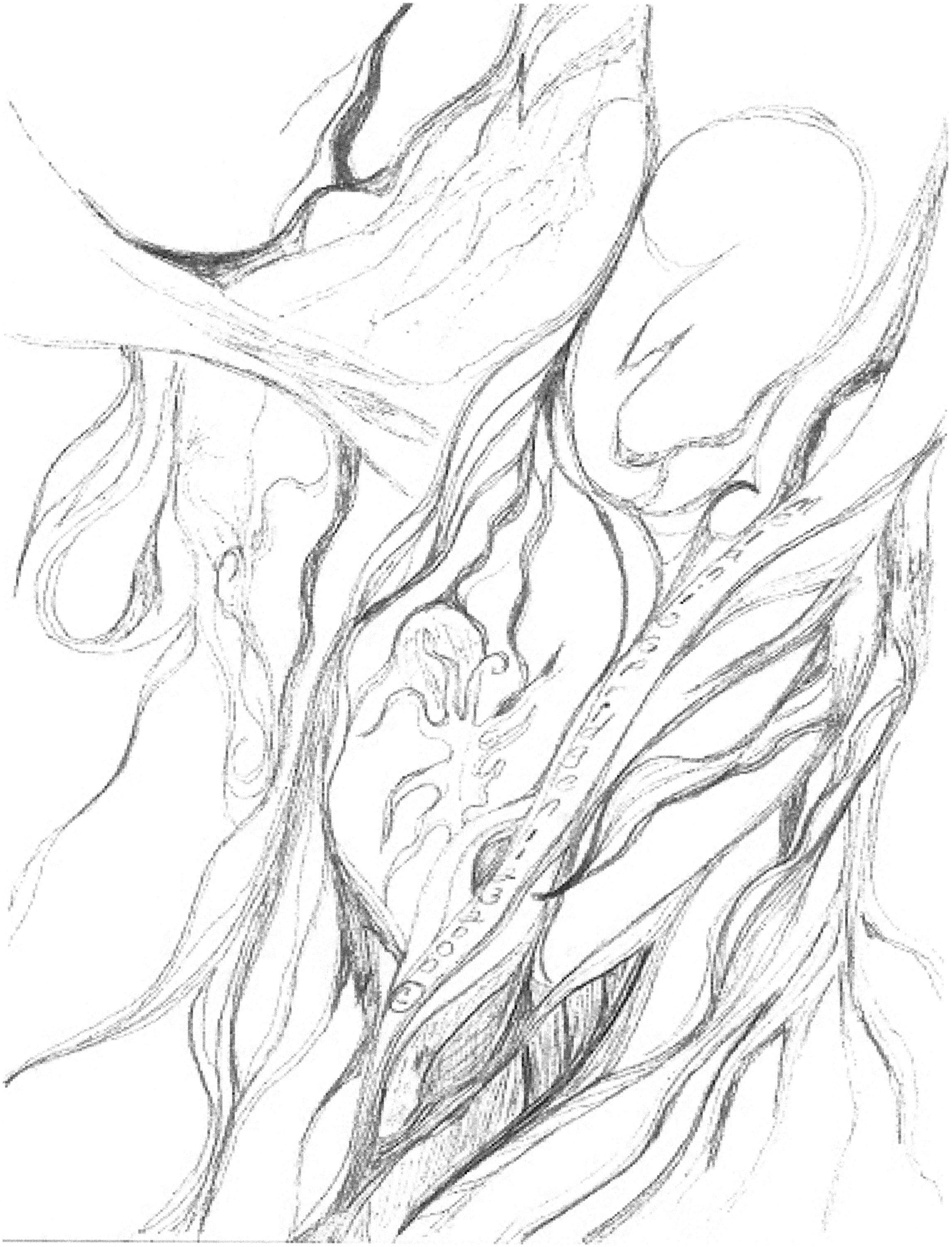

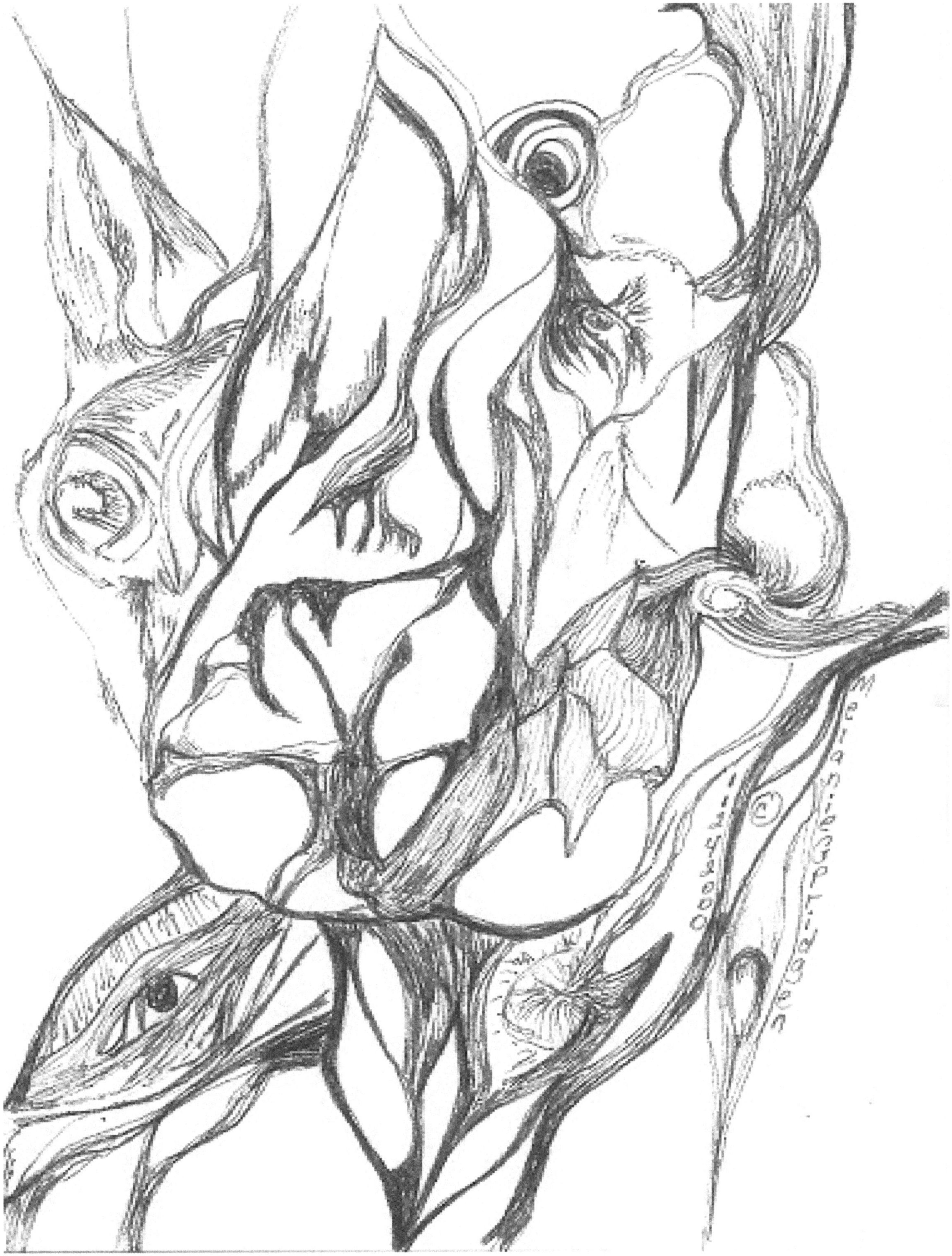

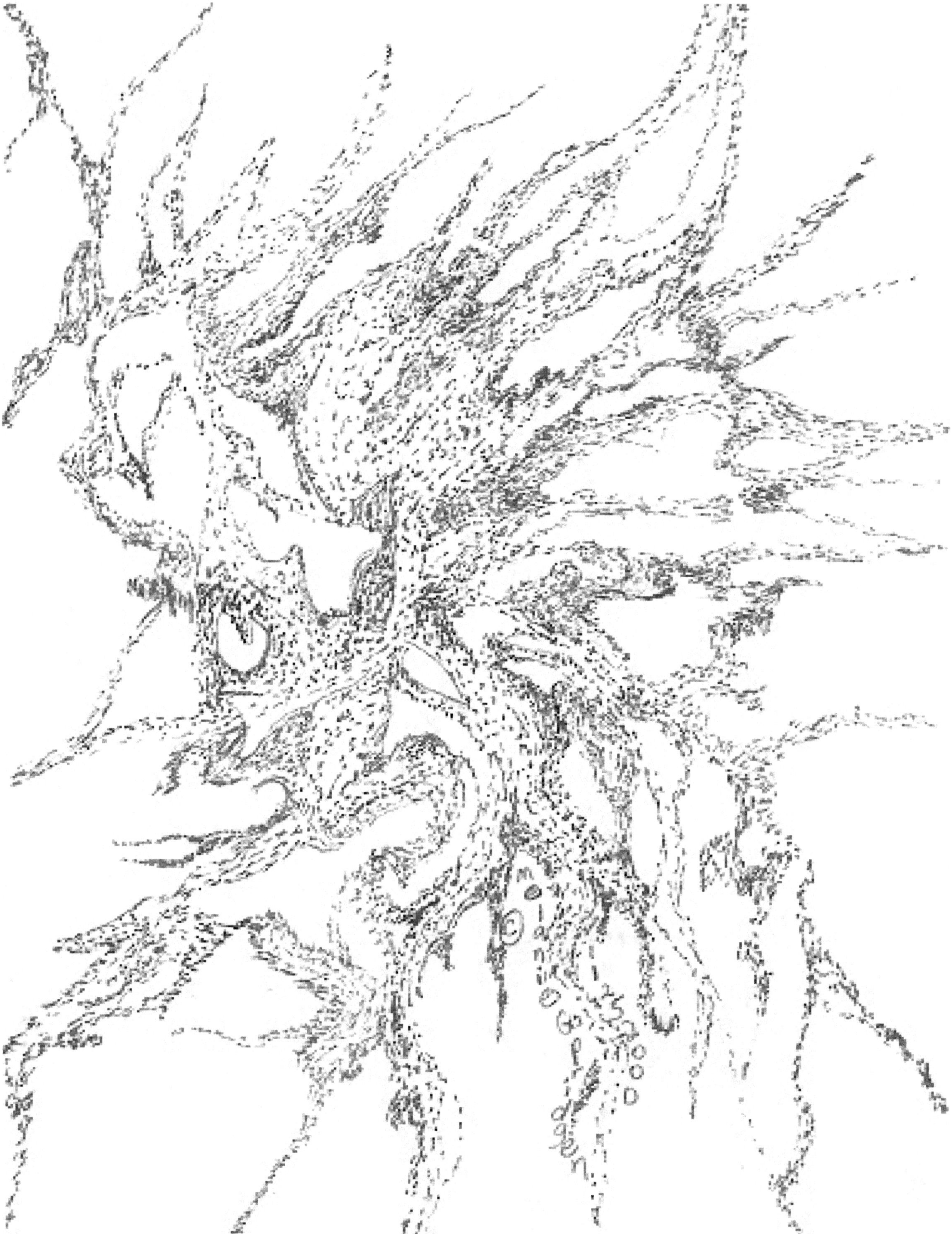

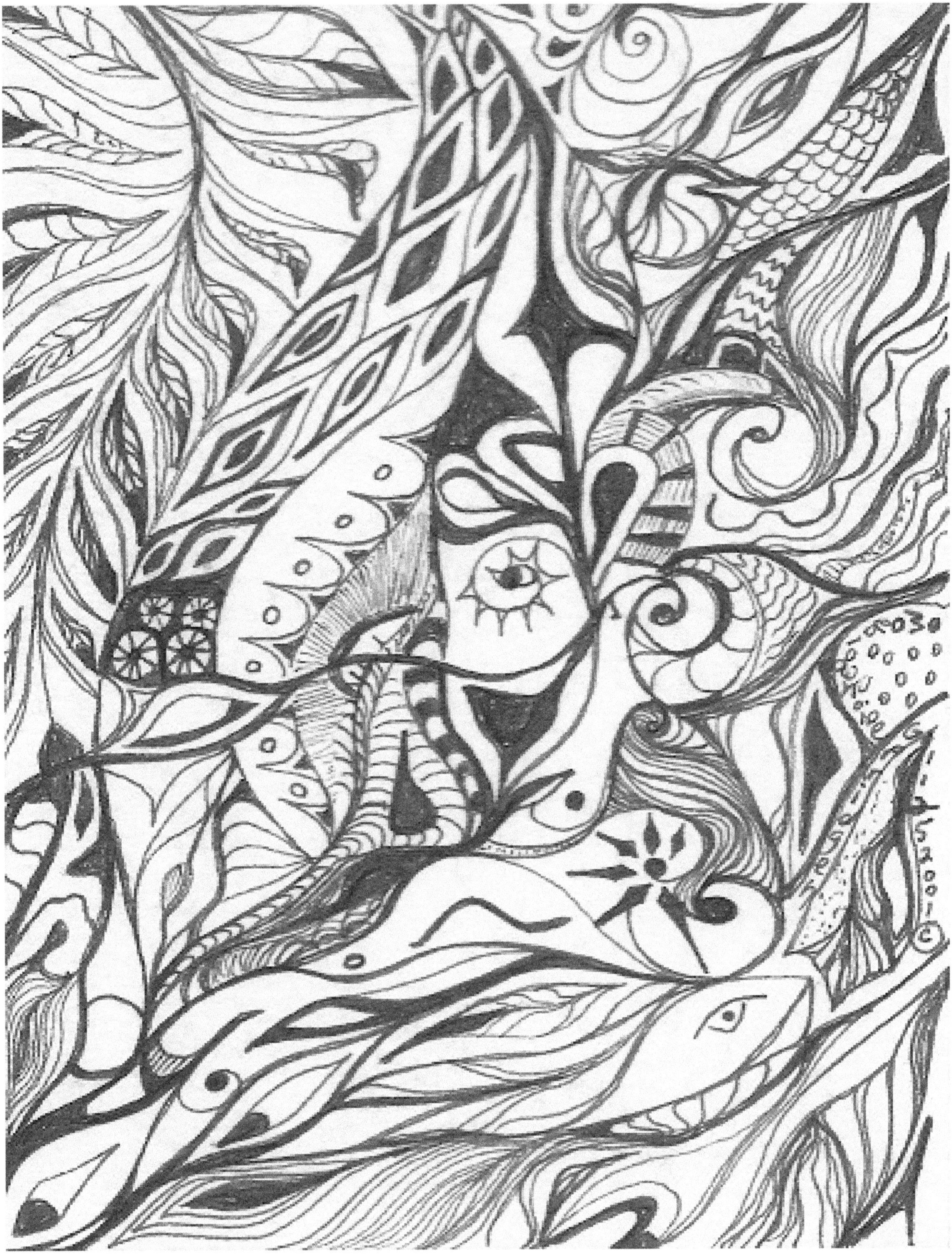

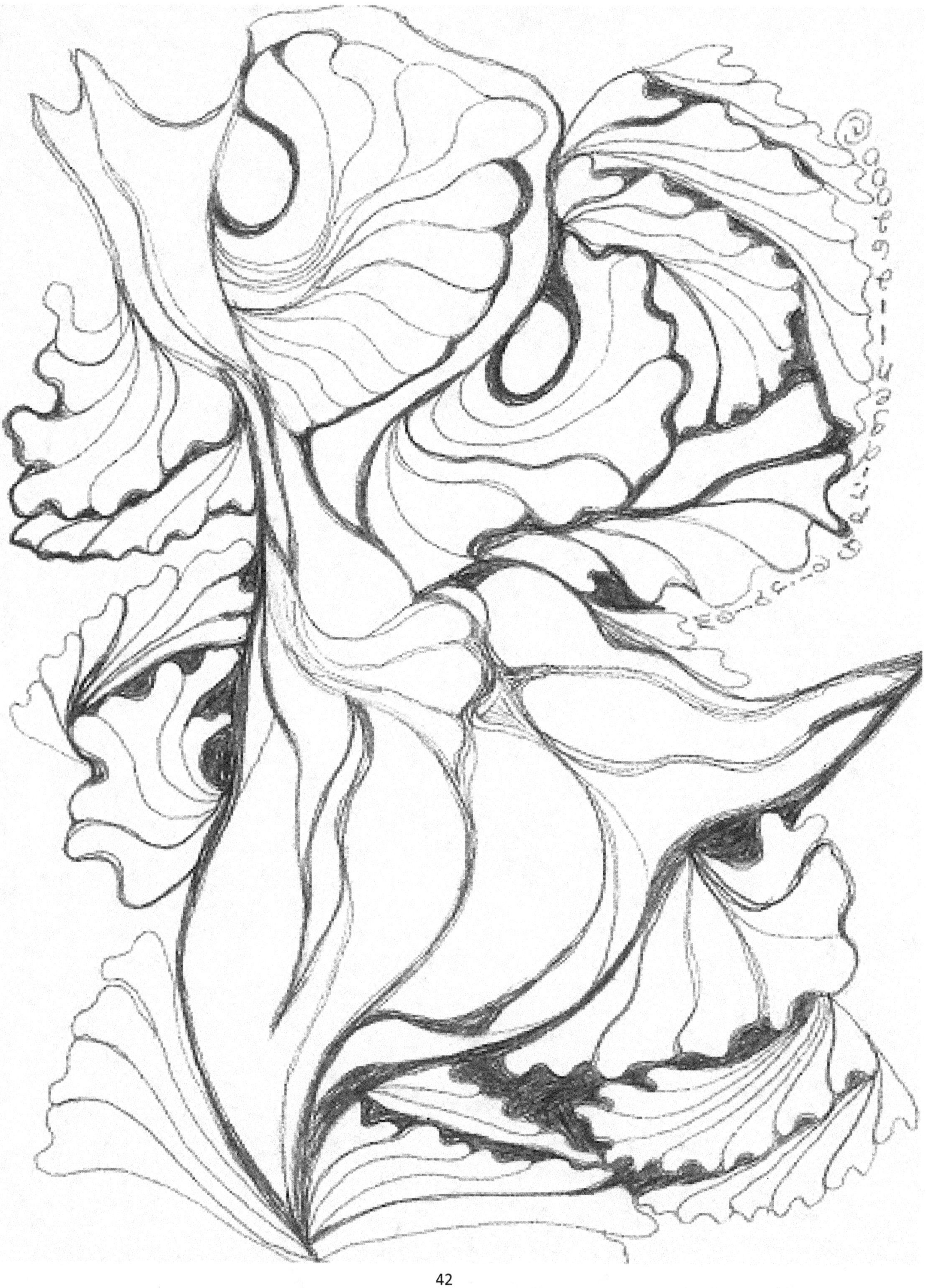

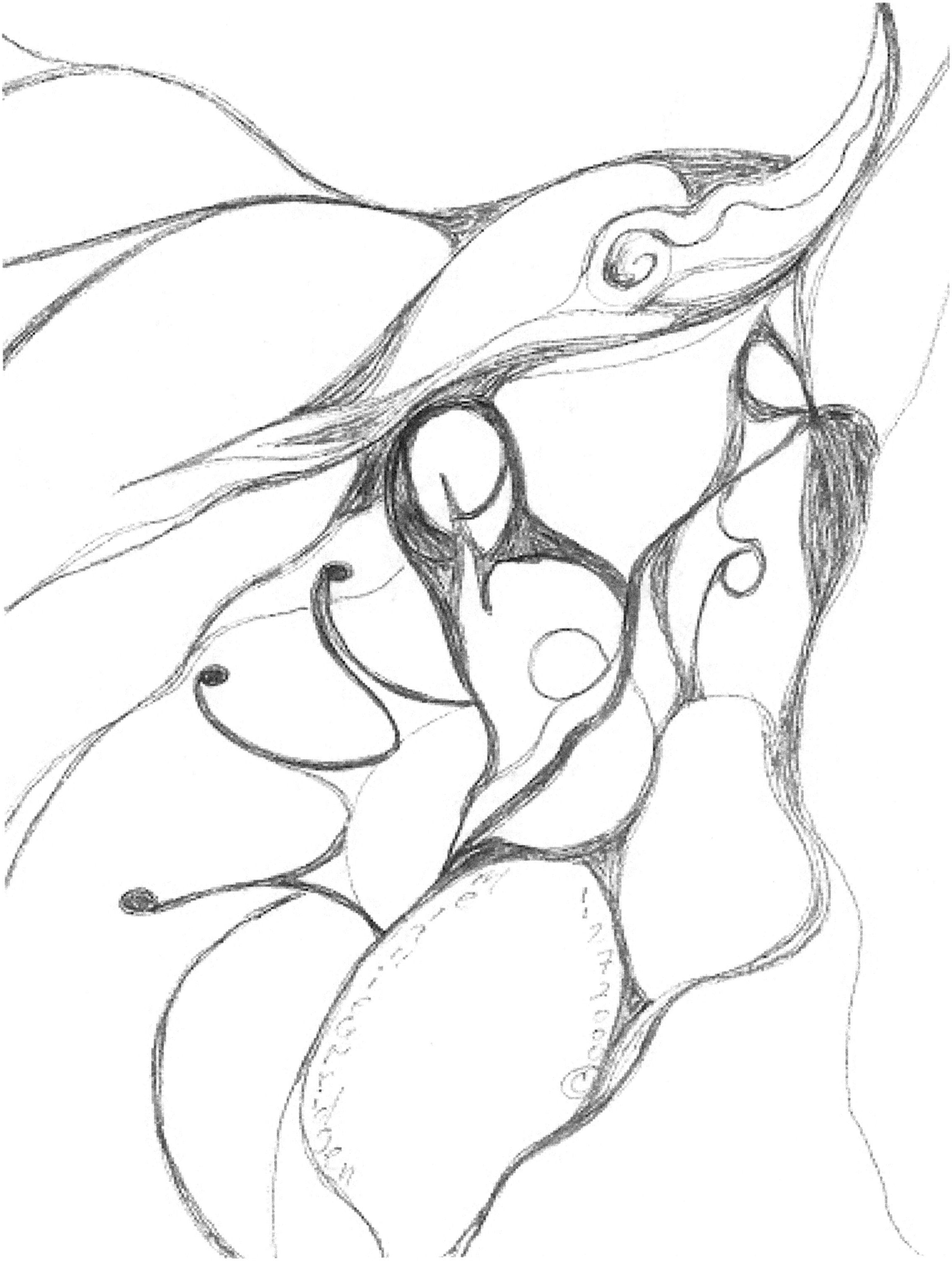

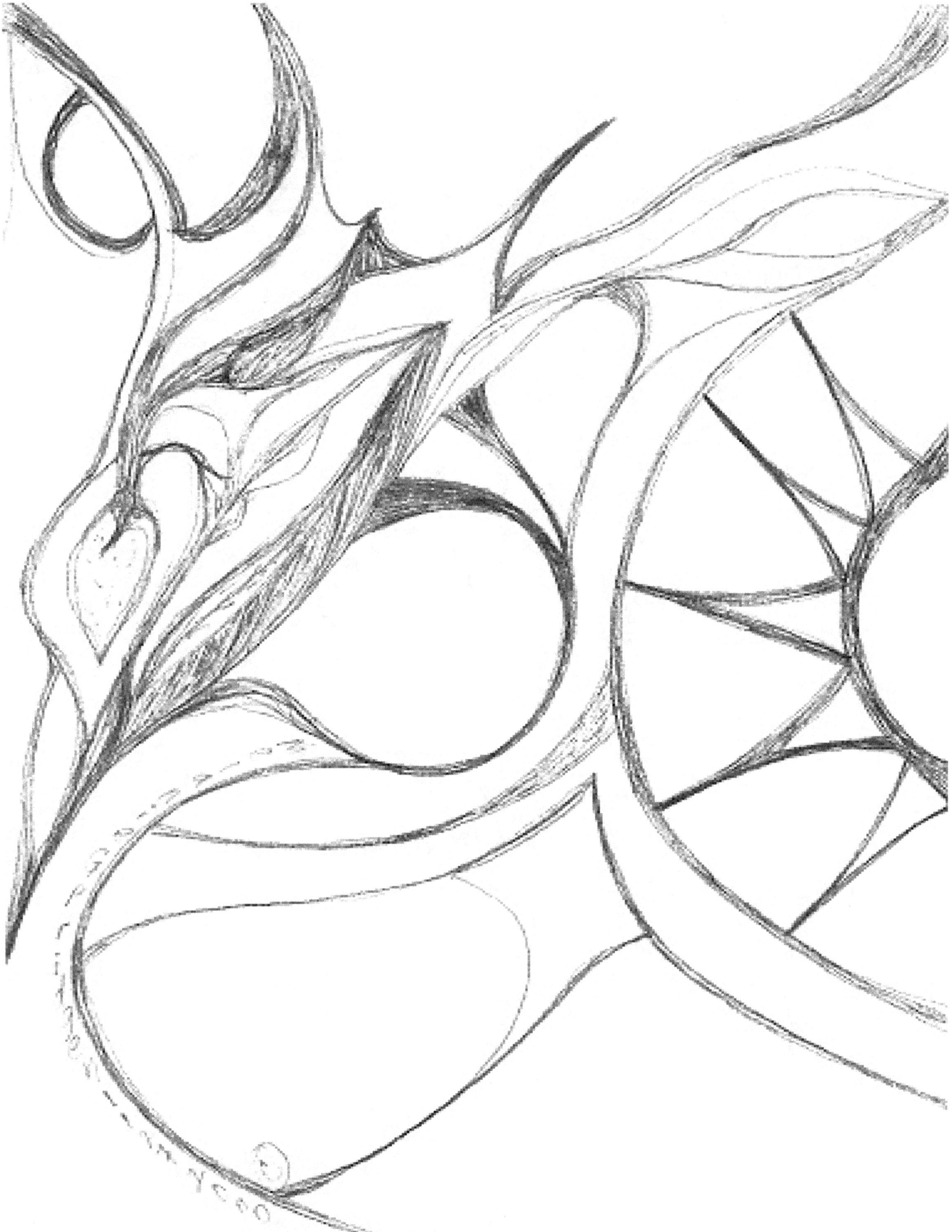

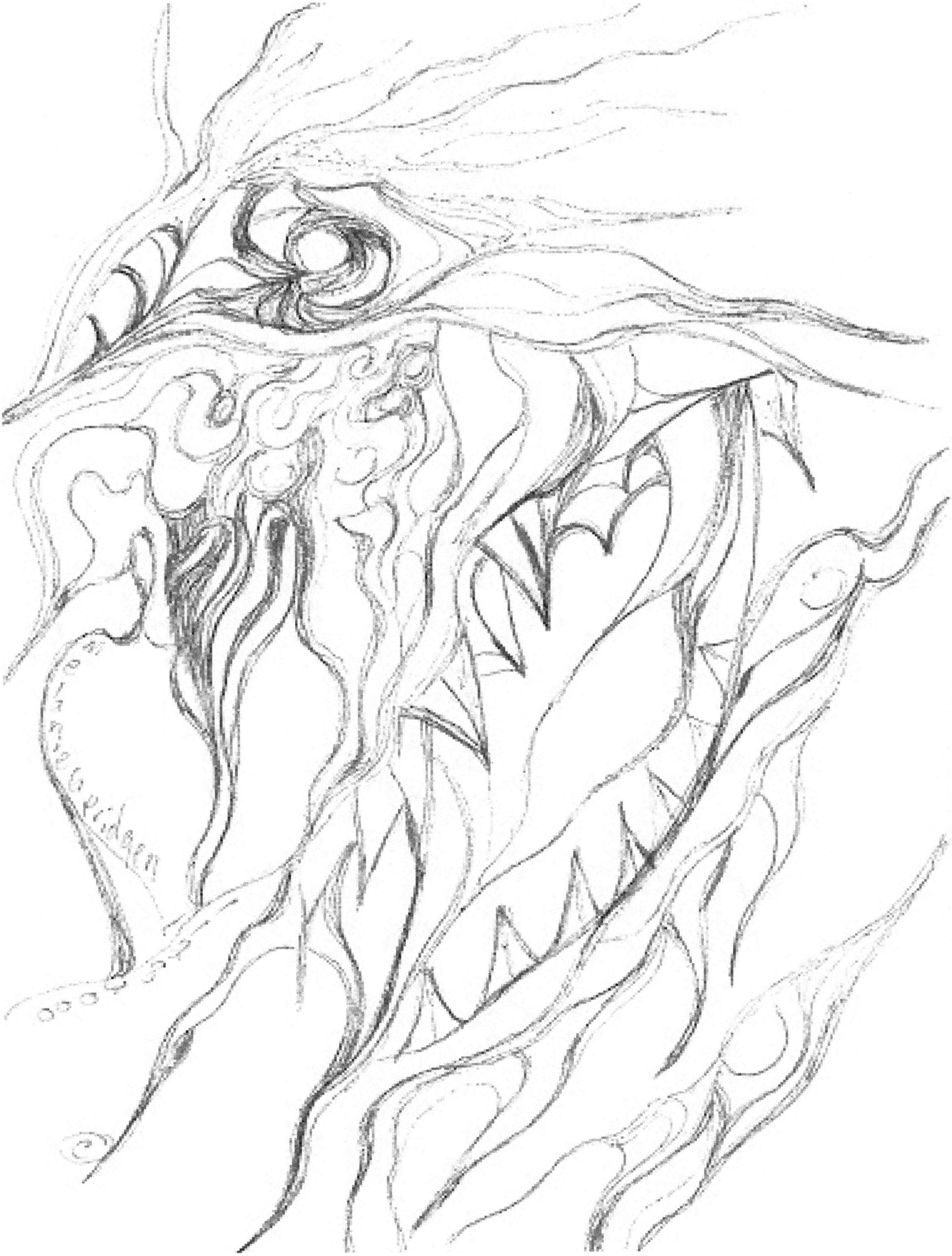

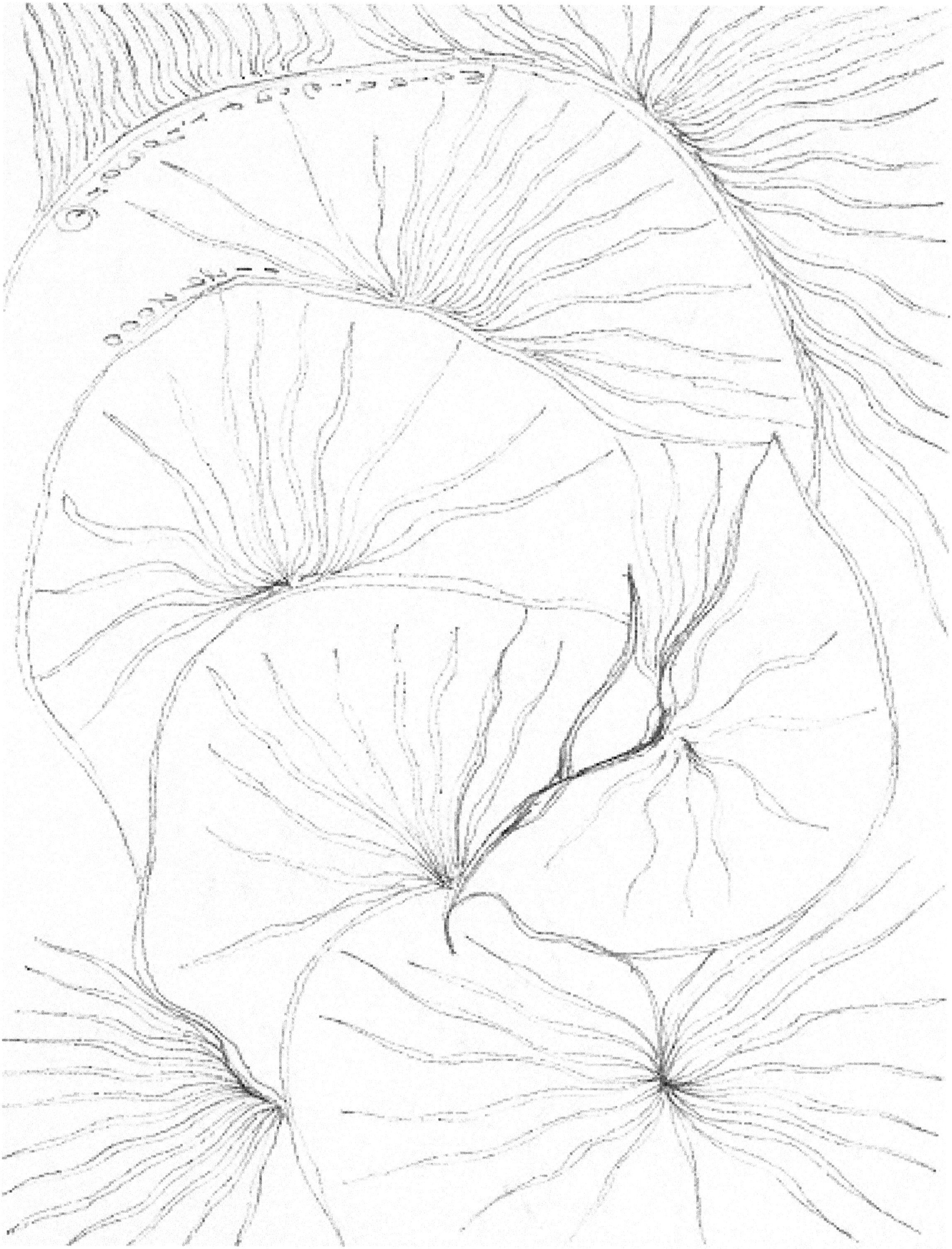

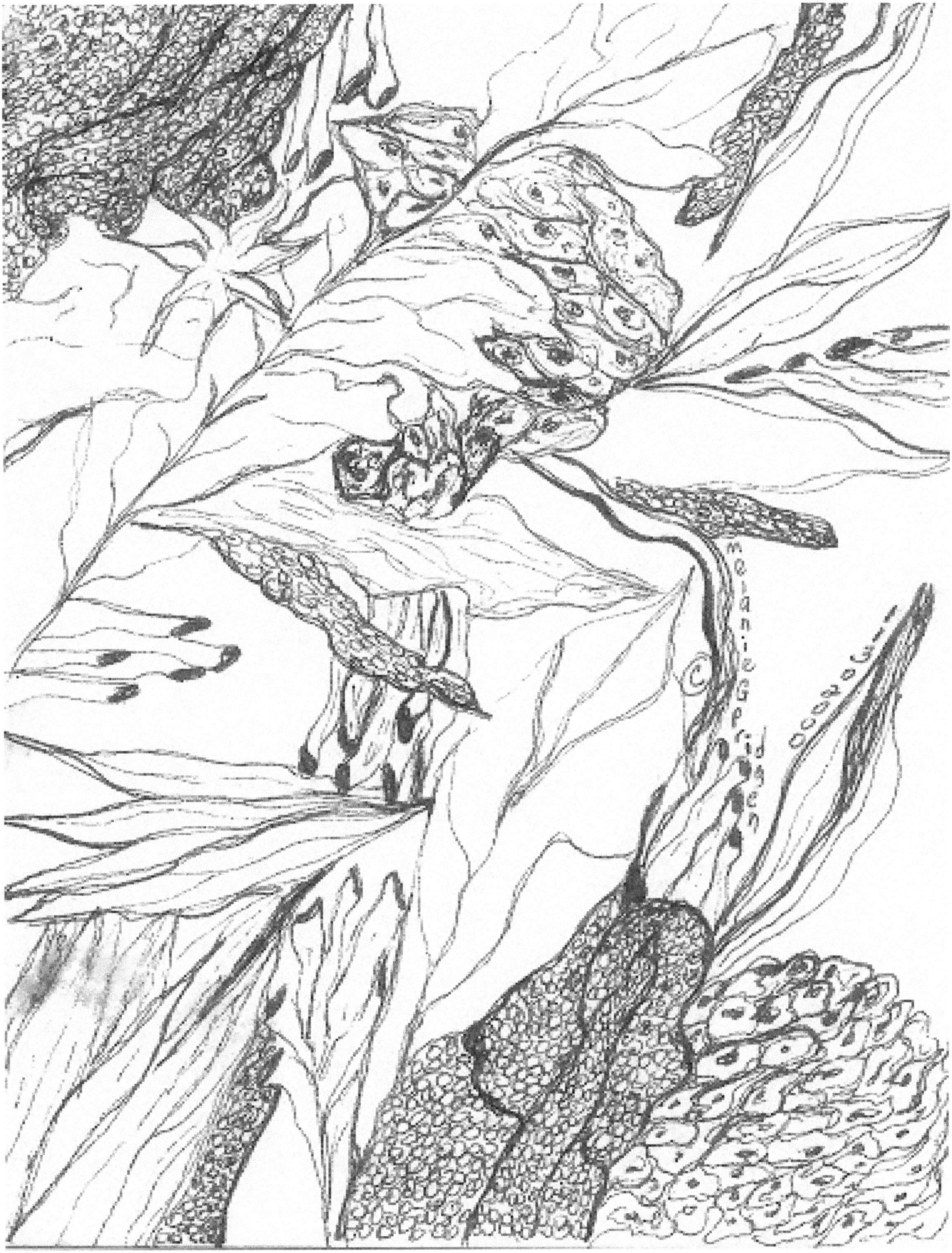
melanie G Pridgen

www.ingramcontent.com/pod-product-compliance
Lightning Source LLC
Chambersburg PA
CBHW080814220526
45466CB00011BB/3560
* 9 7 8 1 6 9 8 6 0 8 3 2 7 *